后浪出版公司

A SHORT GUIDE TO WRITING ABOUT HISTORY

历史写作简明指南

[美] 理查德·马里厄斯（Richard Marius）
[美] 梅尔文·E. 佩吉（Melvin E. Page）著

党程程　译

四川人民出版社

目 录
Contents

序　言

自首次出版以来，数以千计的大学生都使用《历史写作简明指南》来帮助他们撰写历史学科论文。本书向学生们展示了写作历史论文时如何不局限在书本的年代和史实上，而将自己独特的思想和观点融入其中。事实上，本书适合搭配任何一门历史类课程使用，旨在教会学生像历史学家一样思考和写作。

本书的原作者理查德·马里厄斯（Richard Marius）教授在早期的序言中指出了很多学生对于历史写作的误解：

来上我课的大多数学生都持有这样一种观点，即历史不过就是一些需要在考前背熟的人名和年代。他们认为自己只要去一去图书馆，查一查百科全书中的文章，就可以写出一篇论文，来展示他们对于某个课题的了解。可他们从未想过对这些既定的事实也可以给出自己的思考……我的工作就是使学生们知道，我们研究大量原始史料，即构成历史的基本素材，是为了理解这些史料，并讲述关于它们的故事，这才是历史最激动人心的时刻……一直以来，我把教人写历史论文当作一种途径，告诉不同年龄段的学生们，他们的想法非常有价值，而且在许多课题上都可以将其想法写成既有趣又新颖的文章。

为了出版本书第 9 版，我回到马里厄斯教授的建议。我们共同分享一些观点，即对于历史研究和写作的激情，以及对于学生所具备的智慧、韧性与好奇心的极大信心。

此版的创新

强调新技术的应用

第9版继续支持将必要的电子技术整合到历史学家的工作中来。此版不仅更新了书中关于使用电子书和电子期刊的内容，还介绍了当下最新发展的电子笔记程序的应用，尤其看重它们适用于智能手机和平板电脑的功能。

更新了定量数据与历史的研究部分

在历史学研究中，统计分析正扮演着越来越重要的角色，这一点也已融入了第9版。

新增了有关科学证据的章节

如今，科学证据对于历史研究的影响在历史学家中间得到了越来越多的承认，第9版第一次对在历史论文中使用司法科学等领域的相关研究给出了意见。

更新了记笔记的原则

为了提供更直接的指导，降低出现学术抄袭的可能性，本书重新定义和阐明了记笔记的原则。除了这些原则，第9版的其他地方也强调了避免全文引用的必要性。

再次强调特拉比安引用格式

凯特·L.特拉比安（Kate L. Turabian）的《学术论文写作手册》（*A Manual for Writers of Research Papers, Theses, and Dissertations*）第8版已于2013年出版，为了体现出新版的建议，本书也更新了所有的引用范例，包括如何引用电子资源，以及其他难以用注释和参考文献呈现的资源等。

新增了如何写作口头报告的文本

新版第一次展示了如何为口头报告写作文本的独特思考，提出了将可视性元素融入口头报告的建议。

更丰富的参考文献

第9版为学生提供了更加充实的参考文献，尤其是最近两年出版的新书目。

像以前一样，我十分渴望听到读者阅读本书的体验。如果你有任何关于《历史写作简明指南》的想法与问题，欢迎给我写信。书信可以寄到田纳西州约翰逊城的东田纳西州立大学历史学院，邮编是TN34614。你也可以给我发邮件，地址是 pagem@etsu.edu。正如马里厄斯教授所做，我也一定会回复你。

致　谢

多所学院和大学的历史学家们给几个版本的《历史写作简明指南》的手稿提出了十分宝贵的建议。他们提供的具有思想性的评论促成了第9版《历史写作简明指南》的完成，特此感谢：阿肯色大学的安德里亚·阿林顿（Andrea Arrington）、圣约瑟夫学院的珍妮弗·M. 莫里斯（Jennifer M. Morris），以及圣华金三角洲学院的卫斯理·斯旺森（Wesley Swanson）。

在完成新版本的过程中，我很感激和青年学者布莱恩·J. 麦克森（Brian J. Maxson）教授的合作。他在阅读手稿时密切关注了历史学研究与写作的最新发展，以及可能会提高历史写作技巧的新科技。寻求到这样一位学术生涯成形于当代学术发展动态中的历史学家的建议给本书第9版的出版带来了巨大的帮助。对于学生的潜能，麦克森教授与我和理查德·马里厄斯分享着同样的观点，这种观点一直激励着我们。因此我格外感谢他对这个新版本所做的贡献。

我同样向我曾经教过历史研究与写作的几所大学（美国莫瑞州立大学、位于肯尼亚首都内罗毕的肯雅塔大学、位于南非德班的纳塔尔大学以及东田纳西州立大学）的同事们致谢，我从他们那里得到了很多支持。多年以来，我所有的同事通过各种方式影响到了我对这些问题的想法，在思考这个版本时，我尤其感谢与我东田纳西州立大学的同事戴尔·施密特（Dale Schmitt）、汤姆·李（Tom Lee）、史蒂夫·纳什（Steve

Nash），尤其是布莱恩·麦克森（Brian Maxson）关于历史写作与研究的很多细节问题的对话。我还从那些与我分享其历史写作过程中成功与失败经验的学生那里学到了很多，他们是：科林·巴斯孔塞露斯（Colleen Vasconsellos）、贾斯汀·赫顿（Justin Horton）、比尔·汉姆布罗克（Bill Hembrock）、布兰迪·艾诺尔（Brandy Arnall）、金姆·伍德林（Kim Woodring）、凯莉·哈奇·德雷柏（Kelley Hatch-Draper）、罗恩·麦考尔（Ron McCall），还有我第一代使用"kindle 电子书"的本科生，尤其是杰里米·威廉姆斯（Jeremy Williams）、迈克尔·吉列（Michael Gilly）以及乔什·伊利（Josh Ely）。我想要特别感谢我之前的学生佩妮·桑嫩伯·威利斯（Penny Sonnenburg-Willis），她帮助我形成了关于研究与记笔记的思考。感谢培生教育集团的凯瑟琳·格林（Katharine Glynn）与瑞贝卡·吉尔平（Rebecca Gilpin）对我持久的鼓励与信心。最后，如果不提到我的妻子格雷斯（Grace）在我写作第 9 版新书时对我的协助与鼓励就是我的失职了。

正如我之前所说，要是没有理查德·马里厄斯多年前作为先驱照亮前路，就不会有第 9 版的问世。像他这样的合作者十分难得，而我一直以来都何其有幸。

梅尔文·E. 佩吉

第一章

写作与历史

读完这一章后，你将学会：

- 用制造谜题的方法开始讲述历史故事；

- 将写作看作一种思考历史的方法；

- 理解撰写历史文章的五个基本原则；

- 标出释义来避免不必要的抄袭。

学生们纠结于历史文章的撰写——书评、一篇经过充分研究的论文、一个测试，甚至是一个小小的课堂任务。他们经常告诉我们，他们对某个课题有所了解，但是不能将它写成文章。就我们的经验来看，这个现象通常意味着在这些学生的头脑中，有一团乱如麻的历史史实和信息，但他们就是不能将它们组织成故事讲出来。

学生们的抱怨显示了这样一个问题：历史确实包括讲故事，并且历史事实在故事中是不可缺少的，但仅有历史事实是不够的。如果你只知道哪些军队在什么地方大动干戈，哪个军队取得了胜利，你也未必能把两军的遭遇像故事一样讲出来。即使你知道作战双方指挥官的名字，以及他们所指挥的各个部队，这些依旧不够。故事具有张力，战争更是如此，为了吸引读者，你需要将这些张力的特殊元素扩展开来。为什么这些军队要陷入战争中？假使他们在战争中获胜，他们的期望是什么？要回答这些问题就需要对历史事实做出有逻辑的论证。在此过程中，你可以帮助读者们看到故事的张力，使他们接受你对这些斗争的解释，并且跟着你的解释看这一切是如何发生的。不仅仅是关注谁输谁赢，还要关注这个战争的结果和影响。

1.1 关于过去的故事应该是真实的

在讲述一个历史故事时，你的故事实际在讲你对某个问题的看法，并由此形成一个中心论点，来说明事情是按某种特殊路径而不是其他方式发展的。考虑到其他的可能，即如果这样或那样的情况发生，又或者什么都没发生，事情会呈现出全然不同的结果。在这个过程中，你解释了事件实际上的展开方式最终导致了什么样的结果。

历史学家和大多数人一样：他们想知道事件背后的意义，它们的发生为何对后续事件的发展有重要影响，以及为什么我们还在讨论这些问题。就像记者们一样，他们会问是谁、是什么、在哪里、什么时间以及为什么。谁对这个事件负责？发生了什么事？它在哪里发生的？什么时候并以何种时间顺序发生？为什么会发生这些事件？通常历史学家会问更多的问题，比如：其他历史学家对这一事件有何评论？他们犯的哪些错误是我们现在可以纠正的？历史学家是好奇且不懈的提问者，无论多少史料都可以让他们提出问题。几乎所有历史学家的书写都始于想要回答关于起源、发展和结果的问题。历史学家们找到一个谜题，并试着去解答它。当你为一个历史课程撰写文章时，你也要这么做——找到一个引起你好奇心的问题，并且尝试去解决它。如果没有问题，就不能写出一篇历史文章！

思考摘自美国历史学界的领军杂志《美国历史评论》(*The American Historical Review*)的一篇文章开头几段的内容。注意这篇文章的作者詹姆斯·格林汗(James Grehan)教授是如何清楚地陈述了他所找到的推进了本篇文章写作的谜题。

　　1699年4月，开罗街头爆发了一场不同寻常的骚乱。作为一年一度护送穆斯林朝圣者穿越西奈沙漠去往阿拉伯圣城的朝圣队伍的一部分，一支庄严的队伍正在为麦加神庙克尔白天房运送新的丝绸盖布。其中最引人注目的参与者就是一群北非人，他们在穿过街道时引起一阵骚动。受到宗教热情的驱使,他们坚持将自己的伊斯兰道德规范强加在旁观人群身上。在寻找惩罚的对象时,他们非常具体,他们殴打了所有被发现正在抽烟草的人。当骚乱持续扩大时,他们犯了决定性的错误。他们抓住了一个当地准军事组织的成员,毁掉了他的烟管,在接下来的争吵中,甚至还袭击了他的头部。围观群众显然已经看够了。即使在士兵们已经到达现场的情况下,人们还是抄起身边的东西开始反击北非人。这场暴乱直到一名土耳其禁卫军军官到达并将北非人关入监狱才终止。

怀着对烟草的关切与热情,从一个不同的时空来看待这个事件,我们很难不被抽烟——即便是在那个时代——能够激起如此强烈的情绪所震惊。走在今天的中东城镇,不会有人想到这里曾经发生过这样的事情。现在几乎所有人都将吸烟视为公共自由。几乎没有人会想到将它作为一种道德灾难加以谴责,或者在街道与集市上消除它⋯⋯这种宽容的共识并不是突然达成的。当烟草在 16 世纪末首次进入奥斯曼土耳其帝国时,就引起了关于它是否合乎法律与道德的激烈争论。在开罗街头的争执就体现了观点的分歧⋯⋯

为什么烟草成了激烈争论的话题? [1]

解决这样的历史谜题不仅需要科学,还需要艺术。科学的意思也就是知识。但是需要什么知识呢?历史包括数据——证据,人名,地名,事件发生的时间、地点,以及从各种资料中总结出来的零零碎碎的信息。它也同样包括其他历史学家和过去的人们对作者在论文中要探究的问题

---

1 James Grehan, "Smoking and 'Early Modern' Sociability: The Great Tobacco Debate in the Ottoman Middle East (Seventeenth to Eighteenth Centuries)," *The American Historical Review* 111 (2006): 1352. 我们省去了格林汗教授的脚注。

的解释。历史研究的艺术在于将事实与解释结合起来，讲述一个关于过去的故事，就像是格林汗教授在他的文章中所做的那样。

历史学家相信，区分真与假是十分重要的。因此历史学家所写出的故事，就像是 J. H. 赫克斯特（J. H. Hexter）教授喜欢说的那样，是一种"程式化的、自洽的对于人类过去的解释，并且力求准确无误"[1]。这将它与虚构的小说和短篇故事等区分开来。在 16 世纪，一些英国作家将历史称为"真实可信的故事"，以将它与关于过去的奇幻故事相区别。文艺复兴时期的历史学家寻找古老的文献，研究它们是否真实可靠，剔除伪造品，将抄写本相互对比，来发现抄写员们在传播这些文本时所犯的讹误。他们同样对同一历史事件的不同叙述进行比较。这些历史学家试着去讲述真实的故事，就像现在很多历史学家所做的那样。

但是在历史研究中，"真相"是复杂、矛盾的，而且大部分情况下是模糊不清的。每一个历史事件只发生一次，并且随着逐日发生的其他事件的持续堆积，这个历史事件就与当下隔离开来。我们不能像做化学实验一样，将一个历史事件放在实验室中使它一遍一遍地发生，通过测量和计算来精确地看到原因和结果之间的关系。实际上，我们需要依赖过去的一些证据来帮助我们讲述故事，比如亲历者的记忆与那一时期的遗留物件。但是这些仅仅是一种记录而已，它受制于很多解释，有时甚至是记忆对事件目击者的捉弄。我们永远不能完全如事件所发生的那样再度呈现它。

因此，历史事件的证据通常都是不完全与碎片化的。很多证据丢失了，还有很多往往在历史的长河中褪色了，或者被歪曲了。历史学家们尽可能小心地将这些碎片拼起来，但是在他们所重现的这幅图景当中，

1　J. H. Hexter, *The History Primer* (New York: Basic Books, 1971), 5.

还是会有很多裂缝。他们竭尽全力通过看似合理的并且与已知的事实相符的推理来填补这些裂缝。历史显现给我们的部分可能与真相极为相似，但是我们不能完全确定我们所知道的历史是否是过去的精确的复制品。我们对于历史的认识一直是处于变动之中的，而且历史学家总是处于对话当中，不仅仅是和他们写作的历史事件的原始史料，还和研究这个事件的其他历史学家对话。

实际上，对于很多历史学家来说，这个过程完全是一场持续的对话，它首先是基于对于证据的使用。安东尼·格拉夫顿（Anthony Grafton）曾声称，"只有脚注可以使历史学家们的文章不再是独白而是对话"，因为它们会提供引用文献有时还给出注释。[1] 历史学家们使用证据并且与原始资料亲密对话，绘制出可能的情形，然后与读者分享其成果。澳大利亚的人文主义历史学家格瑞格·丹宁（Greg Dening）十分信服一个甚至更为重要的论断："阅读是我与这个世界的对话。"对于丹宁来说，这更加鼓励了他与过去的对话，因为"这个对话中总是会有另一句话加进来……故事也总是会有另一个侧面"。[2] 当你想成为一个历史学家并开始书写过去的时候，你也可以加入到这个对话之中。

1.2 作为一种思考方式的历史写作

历史与书写是密不可分的。只有当我们书写历史时，我们才能了解它。在写作的过程之中，我们理清所写的事件与自己的思想，深入研究自

1　Anthony Grafton, *The Footnote: A Curious History* (Cambridge, MA: Harvard University Press, 1977), 234.

2　Greg Dening, "Performing on the Beaches of the Mind: An Essay," *History and Theory* 41(2002): 3—7, http://www.jstor.org/stable/3590841.

己的作品，消除其中的矛盾，纠正人名与地名，并对解释提出质疑——不仅对我们自己的，还包括其他历史学家的。在写作中，我们应完成对历史事件的时间排序，这并不是一件简单的事情，但对于历史学家的作品来说，是一个不可或缺的部分。一个流利的讲话者，可以一个接一个地论及各种观点，有时还会用肢体语言来强调某一观点。当他们的观点在辩论中处于下风时，他们可以用自己的魅力或者通过提高音量来压倒对手。相比之下，作家们扮演了一个更加勇敢的角色。假定作者使用的证据有效，他们必须使自己的观点具有逻辑且表达清晰，因为知道读者可以一遍又一遍地研究他们的文字，看这些文字能否组成一个令人信服的论点。如果作者是没有逻辑、不公平、不真实、混乱或者是愚蠢的，他们写在纸上的文字会被每一个对此内容关注且富有兴趣的读者批判。一个好的谈话者所说的话可以是前后矛盾、含糊不清的，也可以与听众扯闲篇，当被仔细考究时，他们可以声称自己被听众所误解。然而作者必须努力做到清楚、有逻辑以及公正，否则就会被读者发现。

好的历史学写作从一个历史人物做了什么和可能会做什么之间的张力开始。赫伯特·巴特菲尔德（Herbert Butterfield），一位知名的历史哲学家，这样写道："历史研究其实是在处理人类生活当中的戏剧，也就是人的不同个性，这其中包括自我意识、理智与自由。"[1] 作为一种戏剧，过去的每一部分都有一个特质。我们所研究的每一个历史事件都存在于它自身的因果关系网中，存在于它独特的人与事件之间的关系以及它本身的思维方式之中，它们经常被当时的社会当作理所当然，被认定是神圣的安排，是不可更改的。一场暴风雨袭击了堪萨斯草原，电视里气象学者不慌不忙地解释着这场暴风雨的成因是冷暖锋的交汇。而在古代的美

1　Herbert Butterfield, *Christianity and History* (New York: Scribner's, 1950), 26.

索不达米亚平原，巴比伦人认为他们所听到的打雷的声音来自于他们的神马杜克（Marduk），是马杜克在向地面投掷闪电。从这些以及很多其他方面来看，过去的人们对很多经验的自然反应跟现代人是不一样的。历史学家的一部分任务就是具备当时人们的思维方式，这样你才能像他们那样思考经验现象。你的历史对话便从这里开始。

你不能完全放弃自己的观点，也不能完全按当时的人们对人生与世界的看法重塑历史。历史学家势必会把自己的东西带进所讲的故事里，他们绝非空无一物的容器，可以让过去的记录原封不动地倒出真实的过去。历史学家对历史研究这种不可避免的嵌入被 J. H. 赫克斯特称为"第二手记录"，它包括"历史学家在与过去的记载交锋时带进的任何东西"。[1]这也是历史学家们必然会留给我们的遗产，我们必须反复考查它，以免让故事失去它的可信性。并且这也是个至关重要的测试：那些历史学家们提供给我们的故事以及解释与分析是可信的吗？就像是格瑞格·丹宁所问的那样，他们是不是"诚实对待那些活生生的、经验里的、可被认识的人的现实"？[2]总之，他们会吸引更多的人参与这场对话吗？

有时候，人们的盲从和"生活的现实"削弱了历史学家的假设，比如长期存在的观念使历史研究几乎只关注男性的活动。如果女性被载入了历史，那也是因为她们做了男性历史学家通常认为的应该由男性完成的工作。她们统治国家，比如英国女王伊丽莎白一世（Elizabeth Ⅰ）；她们提炼出了镭，比如玛丽·居里（Marie Curie）在法国所做的；她们写小说，比如生活在 11 世纪日本的紫式部（Shikibu Murasaki）。现在历史学家们将自己历史研究的兴趣投入到了更多的领域。随机地翻看一下近期的《美国历史评论》就会发现很多评论文章，例如凯瑟琳·库德里

1　Hexter, 79.

2　Dening, 4.

克（Catherine Kudlick）的《残疾史：为什么我们需要另一个"他者"》[1]，还有很多其他技艺娴熟的女历史学家的作品。就像是芭芭拉·梅特卡夫（Barbara Metcalf）的《伊斯兰及其在殖民时期印度的权力：一位穆斯林公主的拥立与被废》[2]那样，这些作品探讨的话题都是在一个世纪以前被男性历史学家们作为不相干的领域而摒弃的问题，然而它们如今却在严肃的历史学研究中占据着一个受人尊敬且迷人的位置。著名的非洲裔美国历史学家约翰·霍普·富兰克林（John Hope Franklin）的回忆录《美国之镜》，以一种最惊人的方式，对当代历史的课题以及历史学家们呈现的多样性的趋势给出了证据。[3]还有其他的历史学家写移民史、劳工史、性史、时尚史或运动史。所有这些以及更多的现象都说明，历史学家们多样化的兴趣促使他们去发现更多人类过去的经验。

不论其论题是什么，历史研究是一个不会完结的侦探故事。历史学家们试着去解决一些谜题，并且组织过去遗留下来的一些使人迷惑的数据来重新讲述过去的故事。历史学家们从证据中寻找联系，指出原因，追踪缺陷，做比较，发现模式，找出最终结果，并揭示它如何通过一代一代人对现在产生影响。在这个过程中，他们将自己的想法运用到原始资料中，将自己深思熟虑后的判断加在证据之上，写出了他们想要的既可信又真实的历史故事。

你与历史照面的方式除了阅读，当然还有你自己的写作。通过阅读书与文章，你逐渐获得对历史的轮廓，即过去所发生事件的大的框架的一些理解。当你阅读其他历史学家的作品时，你也会发展出一套关于怎

1　Catherine J. Kudlick, "Disability History: Why We Need Another 'Other,'" *The American Historical Review* 108 (2003): 763—793.

2　Barbara Metcalf, "Islam and Power in Colonial India: The Making and Unmaking of a Muslim Princess," *The American Historical Review* 116 (2011): 1—30.

3　John Hope Franklin, *Mirror to America* (New York: Farrar, Straus, and Giroux, 2005).

样书写历史的知识，从而促进你自己的历史写作。写作可以帮助我们思考我们所知道的，当然它也可以帮助导师发现你所知道的和你所想的。在历史课程上，你可能被要求写一两页的短文章作为家庭作业或者随堂作业，通常是和一些指定的阅读内容相关。有时你的写作是以作文的形式回答考试中的问题。偶尔你会被要求给一本历史书写书评，不论是你选的还是被指定的。通常情况下，你也会被期待准备更长的论文，这就需要你通过在学校的图书馆、网络以及其他地方完成你的研究。

　　尽管你会采取各种各样的方式进行历史写作，但是一些基本原则对于任何历史文章的写作都是适用的。可能最重要的是，对历史的思考是历史写作和进入持续的历史性对话的关键。因此这是一本关于历史研究方法与历史写作方法的书。它会帮助你理解历史研究中潜在的一般问题，也会对你的所有大学写作课程提供帮助。它还会使你成为一个更好的侦探与讲故事的高手，讲述由无数个故事组成的过去。我们会讨论你可以自己在学校图书馆或互联网上进行的研究，并且会用一小节介绍怎样在你的阅读与研究中做笔记。我们所强调的是如何利用你的笔记和你已掌握的知识去很好地完成论文、小文章，以及在历史课程考试中的文章。

1.3　历史文章写作的基本原则

　　很明显，历史并不仅仅是过去发生的事件的集合。而是作者对于历史事实的解释，这些诠释使人产生疑问，激发人的好奇心，让我们问出"何人""何事""何地""何时"和"何以如此"的问题。作者的解释应该集中在一个中心论点或论题上，这个论题将一篇文章中的所有内容连为一体。不论你所写的是哪一类文章，一旦你选定了一个贯穿整篇文章的论题，以下的五个原则可以让你进行自我检测，看看自己的文章是否能够满足包括你的导师在内的读者们对于历史文章的阅读需要。不要让他们失望。用以下的原则指导你的写作。

1.3.1 一篇好的历史文章应紧紧围绕着一个有限的主题

只有当你找到一个有限的、能让你深入研究与思考史料的话题时，你才可以写出引人入胜的历史文章。如果你可以自己选择研究主题，选择一个你在时间与空间上都能很好地把握的选题，这一点对于完成考试中的文章与撰写论文都适用，后者允许你用更多时间来完善想法。有时候你的导师会为你指定一个题目。通常情况下，这种指定的题目都已经严格地聚焦于某个论题了，但即使不是这样聚焦，你也可以找到方法去缩小你的题目。

历史学家们经常会通过研究一些具体问题来探索更加宏大的主题，就像你在查尔斯·安布勒（Charles Ambler）发表在《美国历史评论》上的文章《大众电影与殖民地的观众们：北罗德西亚的电影》中看到的，安布勒教授的开头十分细致：

在20世纪40至50年代，没有一个去过位于非洲中部盛产铜矿的北罗德西亚殖民地（赞比亚）的游客可以逃脱掉受美国电影影响的视觉印象。在铜带省，大量的工棚里居住着非洲矿工和他们的家人，成群的非洲男孩，"穿着自家做的纸的皮套裤，戴着牛仔帽，拿着粗糙制作的木头手枪"，在街头巷尾的各个地方奔跑嬉戏，无止境地玩着牛仔与印第安人的游戏。另外一些人则表现得"更邪恶，……眼睛上戴着黑色的面具，皮带上挂着木质的匕首"。当他们进行模拟战争时，能听见他们大叫"耶凯、耶凯"，这是当地人对"杰克"（Jack）的错误发音，英属非洲中部殖民地的都市影迷们通常用它来称呼牛仔电影中的英雄。就在这些街道上，年轻人的穿衣风格——宽边牛仔帽、方巾，等等——明显受西部片和警匪片的影响。

"铜带牛仔"现象以及它在大部分英属非洲的都市区域中的表现形式，生动地说明了充满神话色彩的好莱坞荧幕形象快速而全面地渗透进偏远国家的角落。

然而，安布勒教授在接下来的一段中非常小心，以确认他的读者领会了他文章具体的关注点服务于一个更宏大的历史目的，因为它"关注北罗得西亚的电影娱乐史是为了探究西方大众文化在殖民主义背景下的传播与接受这个大问题"[1]。这就是一种可以帮助你让文章主题集中的方法。不要试着去写一些令人无望的宽泛的话题，给自己拟定一个更加具体同时也能对更宏大问题有帮助的话题。这是对所有年轻历史学家们的忠告：如果你总是试着做很多，其实你将什么都做不成。经常和你的导师讨论你的文章，尤其是你的长篇论文，会极好地帮助你将文章集中在合适的关注点上。

保持关注点清晰还会使你得出一个与文章开头的观点相呼应的结论。一旦介绍了你想要思考的谜题，你应该清楚地讲出吸引读者的故事。但是历史学家的文章不应该追求惊奇的结尾。

没有经验的作者经常会经不住诱惑，不是隐瞒必要的信息，就是分散读者的注意力，来阻止他们猜测故事的走向。这样的方法是很让人讨厌的，专业的历史学家不会使用这种方法。通常当最后一部分信息被放

---

1 Charles Ambler, "Popular Films and Colonial Audiences: The Movies in Northern Rhodesia," *The American Historical Review* 106 (2001): 81—82. 我们省去了安布勒教授的引注。

到合适的地方，一篇历史论文的高潮就会出现，此时，作者的观点也被他（她）的学识证明了。论文会在高潮之后很快结束，因为一旦观点被证实，一个与开头相呼应的关于此事件或思想的意义的总结是唯一必需的了。

比如，当安布勒教授讲出了北罗得西亚的电影院及其影响的故事后，文章就到达了高潮，然后他很快回到文章开头所提出的观点来结束全文：

> 后殖民时代赞比亚对电视的引进，以及晚近的小型录像放映厅和私人拥有的录像机的激增，都快速地将电影放映机——正式的电影放映——推入娱乐事业的边缘。最近流行的武术及其他动作片，使深深影响了铜带省，以及东部、中部、南部非洲工业小镇几代观众的牛仔题材电影黯然失色。但是，如果说19世纪40至50年代，非洲观众接触电影时，缺乏今日赞比亚以及非洲南部其他地区特征的媒体资源的流动所带来的复杂性，那么很明显当时的非洲观众视觉媒体消费的主要对象建立在一系列的西部片上。[1]

当然，协调文章的开头与结尾而忽视中间的内容，不足以使读者产生深刻的印象。一篇好的文章会引导你进入一个发现的过程，并提供信息使你能跟得上作者的带领，最终所有的一切汇合成高潮。读者们不仅想知道发生了什么，还想知道怎么发生的。

1.3.2   历史文章应该有一个清楚陈述的论点

历史学家通过写文章来向读者解释一些他们想让读者知道的关于过

1　Ambler, 105.

去的事情。他们提供数据——来自于原始材料的信息——以及这个证据意味着什么的论点。在这里,"论点"并不是愤怒的侮辱性的辩论(译者注:论点原文中为 argument,有争论的意思),仿佛那些和你持不同意见的人是傻瓜。这会对任何对话产生反作用。相反,它是作者想要告诉读者的主要事情,也是写这篇文章的原因。它是这篇文章的主题,是作者想要读者接受的命题。不要满足于复述一个其他人已经讲过很多遍的故事,即你可以从《百科全书》中复制下来的只提供一些事实的那一类故事。在证据中寻找谜题,试着去解答这个谜题或者解释为什么你觉得它是个谜题;问出一个问题并且试着去解决它,但要直接进入主题。

一篇好的文章能很快地设立起故事背景,揭示一个需要被解决的紧张问题,并且朝着解决问题的方向展开。一些作者花了很长的时间去介绍文章,以至于很多读者在读到作者真正的开端之前,就已经失去了兴趣。他们可能会找到堆积如山的背景资料,或者做很长的学术评论,用一种近乎疯狂的努力来证明自己对某个问题有所研究。或者他们会对研究主题给出某种道德上的评价,仿佛是要证明自己处在道德的制高点上。好的作者有所言说并且直截了当地说出来。读者应该在第一段知道你的大体主题,一般在接下来的一段中,他们就能知道你写这篇文章的原因和你的论点。

可以仔细思考一下黎欧那·奥斯兰德(Leora Auslander)教授在最近一期《美国历史评论》上的一篇文章的开头。她快速而清楚地指出了她在历史学家平时的实践中所看到的问题,然后就直入主题:

> 历史学家对事物存疑,或者说这是他们的职业天性。文字是历史学家惯用的工具。这并不是说,历史学家从来都没有借助非语言类的史料。从 19 世纪对考古资料的使用到马克·布洛赫(Marc Bloch)提

出的才华横溢的观点——通过在小型飞机上观察两次世界大战期间的法国乡村，可以破译中世纪法国错综复杂的土地所有模式——历史学家们已经不再局限于档案与图书馆所提供的史料。古代、中世纪、近代早期的学者，还有从事科学技术工作的学者，即那些其写作材料来源是有限的，或者只研究物质对象的学者们，已经将证据的边界尽量扩展，而有些现代主义史学家、社会与文化史学家也使用视觉的、物质的和音乐性的史料。虽然有了这些突破，大部分历史学家还是认为文字才是最值得信赖和信息量最大的史料，其他一切不过是一种解释或补充。

我在这里需要说明的是，相比之下，拓宽正规史料的范围会对类似的历史问题提供更好的答案，还可以改变我们所讨论问题的特性，以及我们能够获取的关于过去的知识类型。但人类每一种形式的表达都有其独特的性质与力量；将我们证据的来源仅仅限制在其中的一种，即文字性的史料上，使我们不能获得人类其他维度的重要经验，对于主要历史问题的解释也因此是贫乏的。在非语言的范畴中，我会专门论证一下物质文化的功用与重要性。[1]

文章第二段以她的主题开头，作者还在下面勾画出了将要在文中阐述的论点，来说明该主题。

请仔细地分析这一例子。一旦你开始写作文章，不要离题，要紧紧围绕着主题。确定文章中的所有部分都为主题服务，并且确定读者知道你文中的内容与主题的联系。一篇文章只阐明一个论点，不要将你知道的一切都放进一篇文章里。这不是把你所知道的史实一股脑都写在文章

---

[1] Leora Auslander, "Beyond Words," *The American Historical Review* 110 (2005): 1015.

中的借口，就像是将存钱罐里的东西都倒在桌子上一样。正如奥斯兰德在她的结论中所说的，历史学家应该有一个承诺，那就是"理解、阐释，甚至是超越文本与实物解释这个世界"[1]。并且正如她的文章论证的那样，即使历史学家找寻"超语言的"证据，他们也必须清楚地写出他们的结论。

1.3.3 历史文章是在公认的史据之上逐步建立起来的

你也必须要给读者相信你的故事的理由。你的读者必须要将你作为所讲故事的权威。你不可以不查任何资料就写出历史，也不可以将你没有用证据支持的观点表述出来。因此你必须掌握你手中的史据，清楚仔细地表达它们，并且要知道你是在哪里找到它们的。但到底什么是史据呢？这是一个比较复杂的问题。史据是来自于原始与二手史料的详尽的事实性信息。但是史据并不是由史料来源区分的，而是以你所写的内容区分。原始史料是与你研究的主题在时间上最接近并且关联最紧密的史料。它们可以为你所写作的课题使用。二手史料通常都与原始史料相关。

比如说，一篇关于 20 世纪早期的墨西哥革命者艾米利亚诺·萨帕塔（Emiliano Zapata）的文章的原始史料可能是信件、演讲稿，以及其他萨帕塔自己写的东西，可能还有他自己创造或拥有的一些东西。二手史料可以是如约翰·沃马克（John Womack）和塞缪尔·布兰克（Samuel Brunk）这样的学者所写的书与文章，他们以研究萨帕塔的运动与被暗杀为事业。永远要记住的一点是，好的文章与论文都建立在原始史料的基础之上，因此对于这个问题，你不仅仅要考虑到沃马克教授与布兰克教授的作品，还要在可能的情况下多参考萨帕塔自己的作品。

1　Auslander, 1045.

　　在写一篇研究性的文章时，你必须在所有能够获得的史料（包括原始的与二手的）中作选择，判断哪个是可靠的，哪个是不可靠的，什么是有用的，什么是没用的，以及你怎样在你的文章中使用这些史料。当你在写短一些的文章，比如在考试中所写的那种文章时，你必须牢记你知道的哪些证据与它相关或者提到过它。当你做一个普遍的归纳时，马上通过引用、释义、总结，或者提及一个史料来支撑它。如果你不通过具体的史据来充实其内容的话，归纳的可信度将会降低。

　　史据随处可见。那些男人或者女人的信件和文章（著名的或者隐匿着的），对他们的时代有着很出色的记载，就像是将他们的所属物品频繁地陈列在或大或小的博物馆中展览一样。从古典时代到现代，很多这样的史据都已经被以文字和图片的形式出版或者在线展示。你可以选择一个题目，了解作者对此题目和其他相关事件的想法，以及关于这一题目的一些其他表述，然后写出一篇大学历史课程的优秀论文。相似地，报纸（很多以微缩胶卷或者电子形式保存）经常会提供关于历史的深刻洞见，这些会激起你的好奇心，帮助你构想出好的历史文章的谜题。它们也可以提供有意义的细节，为你获得的其他史料做出补充。

　　法院大楼的地方历史档案中，秘密保存着日记、信件、税票、城市的人名地名录，以及其他无数的记录。这些史料可以提供出细节，通常是较小的细节，它们使过去的历史一下子鲜活起来。并且一定不要忘记访谈在写作历史文章时的重要性。如果你写的是过去五六十年间的历史事件，通常稍加努力你就能找到一位曾经亲自参与到事件中的人。这些事件的参与者往往会很高兴地跟你分享他们的经历。他们的故事可以从整体上说明这个国家主要的社会运动。你也可以在当地的历史出版物、报纸、档案，甚至是在网上找到之前人们所做的采访。但你也要永远记住，不论是在采访中或者是在关于他们个人经历的文章中，这些参与者也可能会将事实搞错。

人类会忘记，或者会倾向于讲出赞扬自己的故事，有的时候甚至干脆说谎。作为一个严谨的发问者，历史学家需要始终充满怀疑地去核实这些故事，即便是目击者讲出的故事。这就可以看出，二手史料其实是很关键的。

你应该多参考历史学家们撰写的与你所写题目相关的书和文章。这些书与文章会提供很多你能用到的信息，尤其是这些历史学家所依赖的史料。更为重要的是，你会了解其他历史学家怎么看待你所研究的这个问题，以及他们怎么评价那些与你所找到的史料相同或相似的史料。找到这类编史的证据，也就是之前的历史学家对于你所研究的题目或与之紧密相关的课题说了什么，可以帮助你学会怎样思考历史。它也会帮助你仔细地从大量可获得的与一个特定主题相关的史料中甄别出最合适的史料，并且将它们组织成一个故事——一种解释、一个论据。仔细地阅读二手史料可以帮助你看到历史学家们是如何通过脚注、尾注或正文中的注释来佐证史料。当你写作时，记住只有当你对原始史料与研究过相同史料的人的作品都了如指掌时，你才能够在你所研究的领域获得权威。你为你的观点找到史据从而获得自信，和读者知道你是如何获取史据一样。如果你只是为你所找到的史据做了一个粗略的概括或者是弄错了，你会失去那些知识渊博的读者们的尊重。历史学家迈克尔·贝里尔（Michael Bellesiles）最近的一次经验对于年轻的历史学家们来说是非常有教育意义的。

就在2000年，贝里尔教授的书《武装化的美国：一个国家枪文化的起源》出版后，得到了广泛的赞誉。而这本书的主题，即"美国的'枪文化'是一个内战后发展的产物"，使他陷入政治争论之中，因为那些持美国枪文化早于宪法的观点的人并不能同意贝里尔书中的观点。在这场论战中，历史学家们开始检查他对史据的运用，发现了很多问题：比如对于档案文献的不正确引用，对文件的误读，基于有限的法庭记录抽样调查就得出普遍性的归纳结论，对于文中数据的马虎记录。虽然贝里尔教授在辩护中做出了一些声明，但并没有提出足够平息那些反对言论的有力证据，因此，富有名望的班克罗夫特奖的委员们最终撤回了本来要授予贝里尔教授那本书的奖项。[1]

贝里尔教授悲伤的经历是富有教育意义的。请确定你对你所查阅的史料认真做了笔记。在你的笔记中明确你从哪段史料中得出了什么，并且正确地引用你从史料中直接复制的内容也是很重要的。这一点不仅仅对于你做笔记的书面资料是这样的，对于如今越来越容易获得的电子资料也是这样的。这两者都需要被严谨地对待。

当你开始撰写历史文章时，注意一定要给你在文章中引用的所有史料做出合适的引注。虽然历史学家们不用给所有的常识性知识做出引注，但我们建议你宁可谨慎一点，给文章中所有的史据注明出处。你的导师很可能会欣赏你的认真。在某些情况下，你自己的想法可能会和那些二手史料有不同的地方。你应该在脚注或者正文中给出这些二手史料的来源，并指出这些史料和你所写的有何相似与不同。

1.3.4 历史文章应该反映作者客观公正的思想

你需要十分仔细地了解过去的历史学家对于一个问题的研究情况，但不要仅仅告诉读者其他人对该问题的研究，这样会使他们失望。试着告诉他们，通过阅读你的作品他们会得到新的知识，或者得到看旧知识的新视野，你通过自己的研究与思考阐明了该问题。

我们发现在教学中最让人失望的事情之一就是现在的很多学生对于

---

1 Several perspectives on this controversy may be found in a "Forum: Historians and Guns," *William and Mary Quarterly* 59 (2002): 203—268.

自己所研究的话题并没有更多新鲜有趣的发现。他们缺乏自信。要是没有在其他地方看到相似的观点，他们是不会表述出来的。这种自信心缺乏的原因之一就是学生们一直在写其他人已经写过很多遍的大而空泛的话题。其实只要你在各个高校的图书馆做一些小小的检索，就会发现很少有人涉猎过的话题的相关史据。你可能找不出新的事实，但你可以根据自己的理解仔细地思考史实，并提出一些新鲜有趣的东西。你可以看见新的关系，还有其他人可能会遗漏的原因、影响和联系。你可以思考事件的起因与影响。你也可能会找出一些史料沉寂的地方。你可以基于你所积累的资料，表达出你所总结出的结论，这样背后就有了权威。

　　一些学生去图书馆寻找关于一个宽泛题目的信息，比如说美国内战的起源，他们从不同的地方摘抄各种资料，然后拼接在一起，除了手工的劳动外，并没有任何贡献。他们复述着别人讲了上千次的故事，也并不会提出一个崭新的观点。为什么不读读密西西比的参议员杰斐逊·戴维斯（Jefferson Davis）在美国参议院发表的放弃成为联邦总统的宣言呢？你可以在文章中解释一下他为退选所做的辩护，看看他是否遗漏掉了什么。这样你就会写出一篇有思想的文章。在你完成一篇在《百科全书》或者课本中都看不到的文章之前，千万不要轻易满足。

　　写出原创的观点并不意味着用情感充斥文章。历史学家与他们所研究的人和时代产生共鸣，在研究过程中，感情常常会被调动起来。在书写过去时，你判断人并且评价他们的好坏。向人们传达这些评价的最好方式就是告诉人们这些人说了什么或者做了什么。你没有必要证明你站在天使的一方。你应该信任你的读者，就像是信任一个你正在与之交谈的朋友。如果你所描写的人物做了糟糕的事情，读者会从你所给的细节之中看出人物的罪恶。如果你所描写的人物做了高尚的事情，你的读者也会从中读出，不需要你的任何情绪化的强调。你仅需要接受所有好的历史学家通过讲述发生了什么来书写历史的方法。

　　当然，如果你对于一个问题研究的时间足够长、研究得足够仔细，你会形成自己对于此问题的看法。你会认为自己知道这些事情为什么发生，或者你觉得自己对某个人物已经足够了解。你会对于事情的结果、人物的个性发展出十分强烈的个人观点。然而关于一个历史问题的史据很少会完全集中在事件的某一个方面，尤其是在关于过去的一些有趣的问题中。不同部分的史据有的时候会相互矛盾，做出你自己的判断意味着你要用公正的态度面对这些矛盾。如果你不这样做，一些博学的读者就会认为你是粗心、没有能力甚至是不诚实的。历史并不是一件无缝的衣服。关于过去或者是所有其他事物的知识，即使历史学家们已经竭尽全力对问题做出了一个前后一致的解释，都仍会有障碍、裂缝、空白点。

　　不同的历史学家对于同样的数据会有不同的解释方式。因此你经常会看到新的不同于以往的历史解释，有时是因为有了新的史据，有时是对于众所周知的史据的重新思考。这种修正主义不是被新闻界偶尔谴责的研究历史的危险途径，相反，它是进行历史写作的规范方法。乔伊斯·阿普尔比（Joyce Appleby）、林·亨特（Lynn Hunt），还有玛格丽特·雅各布（Margaret Jacob）——前两位曾是美国历史协会的主席——曾经提出过，"与其说史家经常修改历史知识，不如说他们将当代的看法注入到历史之中"。[1]但是他们会带着对其他观点的考量与关注来修正历史。仔细阅读一下卡米拉·汤森（Camilla Townsend）发表在《美国历史评论》上的文章《埋葬白色之神：对于征服墨西哥的新观点》的开头：

　　　　弗朗西斯科·洛佩兹·戈马拉（Francisco López de Gómara）曾经是

1　Joyce Appleby, Lynn Hunt, and Margaret Jacob, *Telling the Truth About History* (New York: W.W. Norton, 1994), 265.

一名牧师，并且当埃尔南·科尔特斯（Hernando Cortés）在西班牙度过晚年生活时做过他的秘书。1552 年，他出版了一本解释征服墨西哥事件的书。虽然洛佩兹·戈马拉从来没有去过那个新大陆，但他还是可以想象出那时那景。"很多（印第安人）对于他们眼前的奇怪的人们感到目瞪口呆，他们穿着盛装，全副武装并且骑着高头大马，他们很多人都觉得：'这些人一定是神！'"这位牧师是最早在出版物中声称墨西哥人曾相信征服者是神的人之一。在旧大陆中发表的关于新大陆居民的那些混杂的言论中，这个观点引起了很大的反响。它被人们充满激情地重述着，不久一个特殊的版本得到了大家的信服：墨西哥人一直信仰羽蛇神，羽蛇神很久以前就消失在了东方，但承诺某一天会从东方回来。这是一个极为偶然的巧合，科尔特斯就在那一年从东海岸出现，并且被虔诚的印第安人当作了羽蛇神。如今，很多受过教育的美国人、欧洲人、拉丁美洲人对于这个版本的解释十分熟悉，作为这种解释的忠实读者，都会毋庸置疑地这样断言。然而实际上，几乎没有证据能够证明那些土著的墨西哥人认为新来的征服者是神，甚至没有证据能够证明在征服墨西哥之前，存在过羽蛇神会从东方再次出现的传说。早期墨西哥的很多学者是知道这些的，但很少有其他人知道。这种广受欢迎的解释至今还存在，并且亟须人们批判的态度。[1]

汤森教授说明了历史学家是怎样将自己的新观点带入到文章之中的。你也可以这样。承认学界不同观点的存在并不会削弱你的观点。相反，如果你向读者展示出学界不同的观点，即使这些观点是与你相抵触的，

---

[1] Camilla Townsend, "Burying the White Gods: New Perspectives on the Conquest of Mexico," *The American Historical Review* 108 (2003): 659.

也会加强你的观点。如果你能诚实地处理相反的观点，你会得到读者们的信任，但如果你假装这些矛盾是不存在的，读者就会鄙视你的作品。这条建议总结成一个简单的原则：诚实些吧，不要自大。没有比作者不公正能更快失去读者的事了。

1.3.5　历史文章明确地写给心中预期的读者

如果读者在阅读过程中会因下面这些问题而分心，他们也会放弃阅读：这个单词的拼写是正确的吗？这里为什么会缺一个逗号？这个单词的使用符合语境吗？阅读和写作一样，都是艰难的工作，尤其是当阅读材料十分深奥复杂时，而历史课程的阅读材料往往如此。读者们想要将注意力集中在作者写了些什么上。对作者来说，对包括语法与标点符号在内的写作规范的马虎态度并不会影响他们的写作，因为作者知道自己想写些什么，但是这样会流失大量读者。

学生们会抱怨老师强迫他们接受这些写作的规范，但这种态度对他们自身是非常有害的。在大学之外的世界里，你的写作中很少有什么是比规范更值得严格对待的了。几乎所有人都愿意相信，他们的观点是吸引人的以至于没人可以拒绝它，即使他们的文章写得很马虎。那些你想通过一篇工作申请、报告，或者信件就给他们留下深刻印象的读者会有自己的判断。仅仅阅读我们的建议，或者听取导师的意见是不够的。你必须要积极地运用这些规范，或其他的规范，比如布莱恩·A. 加纳（Bryan A. Garner）在最新的第 6 版《芝加哥格式手册》（*The Chicago Manual of style*）[1] 中的优秀章节。

1　Bryan A. Garner, "Grammar and Usage," in *The Chicago Manual of Style*, 16th ed. (Chicago: University of Chicago Press, 2010), 201—304; 后面关于标点符号、拼写以及类似问题的几章对于写作者也很有价值。

一定程度上来说，这意味着你应该尊重你为之写作的读者们，他们将参与你的这场历史对话。因此要经常考虑你的读者们知道了什么。就像你在作品中向读者介绍一位"隐含的作者"，你在写作中也应该心存一位隐含的读者，一位你认为会阅读你作品的读者。对于大部分的历史课程来说，你写作的对象应该是你的导师以及同学，他们对你的话题感兴趣但可能并不是这个领域的专家。给一些重要的学术术语下定义，给出足够的背景信息。介绍一下你的史料，但不要冗长地介绍读者已经知道的背景信息。最好将自己想象成读者，考虑你可能读过或者相信哪些东西，然后有根据地写作。

这并不是一个简单的工作。主要的原则就是，你要不停地思考你需要告诉读者什么，以及什么是读者已经知道的。比如，你写了一篇介绍马丁·路德·金写于1963年的《来自伯明翰监狱的信》的文章，如果你写得好像读者从来都没听说过马丁·路德·金，你将会使他们感到无聊，甚至还会冒犯他们。同样地，你不用告诉你的读者莎士比亚是一位英国戏剧作家，尼尔逊·曼德拉是南非第一位黑人总统。

我们告诉学生，应该要好好写他们的文章，这样的话当一个朋友或者搭档拿起一篇他们的文章，他们会带着与阅读严肃杂志文章一样的理解与乐趣去阅读这篇文章。文章本身应该是完整的。对一些重要的学术术语要给出定义。对每一个在文章中引用或提到的人都应该仔细辩明，除非那个人是家喻户晓的。所有必要的信息都应该被纳入文章中。试着去想象你的朋友拿到你的文章之后一口气看完了。让别人阅读你的文章并且告诉你他认为你的文章中说了些什么，这是一个很好的办法。这样的读者或许也能够给你一些改进的建议！

请一位读者阅读你的文章并且提出意见，但你需要自己仔细校对你的文章。一遍一遍地读你的文章，找到拼错的单词、语法错误、排印错误，还有在某处被你漫不经心漏掉的单词（这些年用电脑会常犯的错误）。在文字处理过程中使用拼写检查程序（还有语法检查程序）。但是请记住，虽然电脑可以在读者阅读你的作品之前，帮你找到一些问题，但它不可以取代人脑的工作。

这些写成一篇好文章的原则会让你很受用。当你写历史文章时，请把它们记在心里。这个简短扼要的清单会帮助你在写作时集中在这些原则上。

☐ 基本原则的作者自查清单

☐ 我是否将我文章的主题范围限制得足够小？

☐ 我文章的开头与结尾相呼应吗？

☐ 我是否有一个清楚表达的论点？

☐ 我关于这个话题的观点是否清晰？

☐ 作为我文章的基础的史据是否清晰？

☐ 是否所有史料来源都有文献的引注？

☐ 我是否是客观公正地写文章的？

☐ 我是否承认了其他观点的存在？

☐ 我是否使用了普遍的英文书写规范，清晰地写出文章？

☐ 我是否在心中存有预期的读者？

1.4　释义与抄袭

即使你十分成功地遵循了历史写作的基本原则，没有什么比在急切或恐惧不能胜任的情绪驱使下而粗心的写作更能削弱你的作品了。通常导致的结果就是抄袭，即把别人的思想或者文字当作是自己的表达出来，这是在写作中最不诚实的做法。最近这几年，一些有名的历史学家，包括多丽丝·卡恩斯·古德温（Doris Kearns Goodwin），还有最近的史蒂芬·安布罗斯（Stephen E. Ambrose），被舆论迫使着承认，由于他们自己的疏忽使得他们书中的一部分抄袭自其他作者。安布罗斯教授宣称，仅仅是因为粗心与写作过程中的得意忘形而抄袭，但这种原因并不具有说服力。读者们期待他能做得更好，对你的期待也是一样的。通常情况下，当作者与被抄袭者在法庭对质时，都会以尴尬收场并且代价高昂。无论何种情况下，这种对于智力成果的剽窃是很少会被忘记的。

　　这些例子以及最近发生的剽窃案例并没有减少这类事件在学生中发生的概率。可能抄袭对于他们来说仅仅是一个并不重要的理论或道德问题，或者他们相信自己不会被发现。可能他们总结出来，一些有名的历史学家（比如古德温教授），在承认抄袭这种严重过错之后还可以继续自己的学术生涯，那么他们也可以避免一系列的严重后果。联邦法官理查德·A. 波斯纳（Richard A. Posner）几年前写过关于抄袭的一本小书，他总结道，那些抄袭的学生最初是被"节省时间、得到好成绩，或者两种原因兼具"[1]的愿望所驱使。如果你遇到了同样的困境，请记住在大学里对于抄袭的惩罚是很严厉的。剽窃者经常会被纪律委员会传唤，有的时候剽窃者会被开除一两个学期，而且其抄袭记录会被永久记录在成绩单上。那些被指控的人声称自己对抄袭完全不了解，或者对自己的抄袭行为完全不知情，但这些都不能让他们得到更加宽大的处理。

　　最好的办法就是你能够采取措施避免各种形式的抄袭。在你刚开始摘抄史料时，就应该付出这种努力。注意要用自己的语言去记录自己的笔记。把你直接摘抄出来的东西放在引号里，并标明这是引用的。如果后来在你的文章里，你用了那句话，即使它只是一个短语或者句子，也

1　Richard A. Posner, *The Little Book of Plagiarism* (New York: Pantheon Books, 2007), 89.

需要把它放在引号里，并注明引用的来源。除此之外，当你在引用中使用省略号来省略或者使用括号来加入一些内容时，一定要谨慎。尤其重要的是，当你在写作时，放下你的笔记，用自己的语言表达你的想法，之后再回头检查笔记与史料。

同样要谨记在心的是，不论你怎样记笔记，电子化的检索与写作的进步都会带来相关的危险。尤其是将电子文本从一个文件（甚至是一个网页）移动到另一个文件的"复制粘贴"的方便操作，会很容易导致大段的史料一字不动地出现在你的笔记里。如果你使用了这个技术，请确定你使用了引号，并把这部分笔记用引号标出。如果你粗心忽略了这些，你会因为抄袭而愧疚的！记住：避免这类型的错误是你的责任。

为了避免你在使用电子版或其他类型的史料时陷入粗心的习惯之中，你和你的导师可以通过 Turnitin 数据库等类似的服务来查你论文的重复率。一些大学将其作为一项校园政策，但是教师也可以使用它。即使你自己并没有向 Turnitin 数据库提交论文，你的论文很有可能直接被导师提交。你的作品会被和公共网络上的大部分内容、很多订阅式的内容提供者（也包括付费作品的网站），以及之前提交给 Turnitin 数据库的论文进行对比。还有一个用于比较文章来源的数据库。这些比较的结果（包括将文章与原文进行逐字的比较）会呈现给你的导师，有时也会给你自己。因此，Turnitin 数据库提供了一个快速查你的文章重复率的资源。知道这种服务的存在会鼓励你小心地进行原创。

我们最好的建议是很直接的：你应该永远都确定你的文章是原创的，把从别人那里得到的观点标明，即使你是在用自己的语言表达与阐述这个观点。留心皮特·霍夫（Peter Charles Hoffer）教授的建议，他认为在释义的过程中，要"注意不能陷入剽窃之中"：

释义会带来很多错误。尤其是在研究的过程中，一个释义会被作者当作自己的观点或语言，未经任何的来源引注就重新出现在自己的文章中。马赛克式的释义将从各种二手史料中找到的引文以及相近的释义拼凑起来，作者将其中原文改动了一两个单词，或者在没有使用引号的情况下引用了某个段落，这都会引起剽窃。

在出版物中，所有的释义，不论它有多长或有多少作品被释义，必须有清楚准确的来源引注，就像是直接引用一样。[1]

然而释义与总结有时是很难把握的。下面的例子会帮助你学习怎样在自己的研究与写作中避免抄袭的问题。下面是世界历史学家杰瑞·本特利（Jerry H. Bentley）一本书中的一段：

在 15 世纪的开端，从某种程度上来说一直延续到今天，在欧洲人与非西方人交流的过程中，新技术与新类型的疾病给欧洲人提供了极大的帮助。我们问题中所说的技术并不都是新的，也并不都是源自欧洲的。其中很大一部分最终会溯源到唐宋时期的发明：火药、指南针、船尾柱舵轮，以及其他航海技术上的发明终究都来自中国。还有其他来自于东方的发明，最有名的比如发源于印度洋，经过阿拉伯商人与水手的传播来到地中海的兰亭帆（lanteen sail）。欧洲人借用了很多他们的造船与军事技术，但在使用的过程中也进行了改良、积累与组合，这使得他们的技术至少与其他民族相当甚至更多时候超越了其他民族。当欧洲人在 15 世纪冒险进入大西洋时，他们不仅仅拥有机动船只和能绘制出航线（至少是近似的）的仪器，并且安全地返回，

1　Peter Charles Hoffer, "Reflections on Plagiarism—Part 1: 'A Guide for the Perplexed,'" *Perspectives: Newsmagazine of the American Historical Association* 42, no.2 (February 2004): 19.

而且倚靠着强大的武器储备，他们使以前从来没有见过这些杀伤性武器的人们被瓦解并陷入极大的混乱中。成熟的造船和军事技术绝没有给欧洲人提供统治他们所遇到的一切民族的方法——这当然在 19 世纪蒸汽船与先进武器发明之前是不可能实现的——但这些技术在很长一段时间内都保证了他们在西方世界的霸权。[1]

下面是一种总结本段文字的方式，在释义的时候尽量使用你自己的语言：

> 杰瑞·本特利深信，欧洲的帝国主义霸权依赖着技术。大部分军事与军舰设备的关键发明都被他们所借用，之后又被他们的工匠改良与提高。这些技术的发展给了欧洲人一个十分有利的条件，使得他们可以征服所遇到的民族。

这些观点明显是来自于本特利的书，虽然并没有直接引用他。在做了这样一个总结后，你必须要给本特利的书做一个引注，说明实际上我的观点是来自于这里。在这个例子之中，要注意我们所做的引注和引用以及释义中的引注是完全一样的。不论你重述来源于二手史料还是原始史料的观点都需要做出引注，在你的文章中这一类的引注会远远比直接引用的引注更常见。也就是说，你的释义或者概括会比直接引用更加频繁。请确定你做这件事的时候是谨慎的。

有时学生们会认为，仅仅通过使用大量引文，以及脚注或尾注就可以确保他们避免因粗心而导致的剽窃。这种注意在方向上是正确的，但

1　Jerry H. Bentley, *Old World Encounters* (New York: Oxford University Press, 1993), 183.

也会削弱写作质量。你应该将直接引用的频次降到最低，只有当它在你的文章中有必要的用途时才使用。文献来源的记录也应该在必要的前提下保持最少。在一些写作专家的建议下，一些学生在开始一个引用（"林肯说"）或观点（"就像是理查德·霍夫施塔特在书中所探讨的那样"）时，或者紧接着一个引用（就像是琳达·科博所写的那样）使用信号性短语。这些也会被过度使用，有时会显得很生硬，但它们能成功地标示出你怎样使用史料。然而，你必须要给所有使用了信号性短语的信息也加上合适的引注。

记住在写完文章后，你需要遵循历史文章的基本原则。在检查文章是否有抄袭时，你可以参考以下问题：

□ 避免抄袭的作者自查清单

□ 我笔记中的所有引用是否都被清楚地标示出？

□ 我在研究笔记中是否将自己的思想分离出来了？

□ 我是否已经删除了多余的引用与马赛克式的释义？

□ 我在写作的时候是否已经独立于笔记内容？

□ 我文章中所有直接引用于史料的部分是否都放在了引号中？

□ 我是否检查过了文中所引的引文的准确性？

□ 当我改变引文内容时，是否使用了省略号与括号？

□ 文中所有的引文都有合适的引注吗？

□ 文中所有的引文是否都是必需的？

□ 文中的论点是我自己的吗？

□ 我是否明确指出了文中来自于其他人的观点？

□ 文章的句子结构是我自己的吗？

□ 在我文章中使用的信号性短语是否准确且简省？

第二章

思考历史

读完这一章后，你将学会：

• 问出很多恰当的历史问题；

• 在学习历史时避免常见的错误与假设；

• 当遇到支离破碎的历史史料时，使用
  推理的方法；

• 了解到统计学证据的价值与局限；

• 对于历史史料采取一个系统性的评价
  方法。

书写历史包含了一种特殊的思考方式，因为出于历史的全面复杂性，它是不能像即时重放一样被再度经历的。真实的生活没有即时重放，历史也不会重复自己。历史的材料——人类经验——不停地流逝，它在一个如此复杂的进程之中无止境地变化，就像是从来不会转出两个同样图案的万花筒一样。所以，了解历史只能是从它的故事开始，那些被很多人讲过的故事，被很多不同证据所支撑的故事，被以不同的方式在不同的时间和不同的地点讲出来的故事。历史学的研究与思考总是与倾听很多不同的声音有关，它们在纸上可能是沉默的，但当历史学家们试图将它们分类并形成那个最合理的故事时，它们却可以通过人类的智识而说话。

历史的意识产生于认识到现在与过去不同之时。当人们深刻认识到时间在改变，新的在代替旧的，旧的故事应该在它们丢失前被记录下来时，历史写作就会繁荣。历史学家们很快意识到，书写历史意味着努力用读者听得懂的语言讲一个关于过去的故事。这有可能会改变故事。然而这是必要的，因为历史有这样的力量。人们想要知道为什么事情会这样发展。他们渴望能知道起因与目的，并且他们现在生活的本质也部分被他们对历史的理解所影响。

不久以前，1898 年 2 月 15 日导致美国战舰"缅因号"在古巴哈瓦那港沉没的爆炸事件的起因再次引起人们的争论。在这个事件刚刚发生之后，美国报纸煽动民意，使他们相信，大约有两百名美国士兵在这次事件中失踪，而"缅因号"沉没是西班牙特工放置在船舱的炸弹爆炸引起

的。不久之后，美国对西班牙宣战。美国军队在古巴、波多黎各、菲律
宾及其他地区打败了西班牙，美国因此而第一次获得了海上霸权。现在
一些证据似乎表明，是船上的煤仓着火点燃了附近的军火库，从而导致
了沉船。对于早已远离我们的那场战争的原因的历史研究可以让很多人
变得谨慎，比如当政府向今天的公民们宣扬为了维护受到威胁的国家荣
誉和道德，国家必须发动战争时。现在与过去共同作用，制约着人们对
于两者的看法。

到底发生了什么？这是一个人人都想知道的基本历史问题。但历史
问题和记忆问题一样。你一年前的今天在干什么？如果你有一个记事簿，
你可以找到那天你所见的人的名单。但你们说了什么？记事簿并不会告
诉你所有事情。有人可能会对你说："我记得前年 8 月我们坐在南卡罗
莱纳州的波利海滩上，谈论着埃尔维斯·普莱斯利（Elvis Presley）的陨
落。""哦，"你也许会回答，"我还以为那是三年以前在查理斯顿的一间
咖啡厅。"你可能已经将它记录在了你的记事簿中；或者那天你忘记了记
录。所以这个对话是在哪儿发生的呢？你有资料来检查你的记忆，历史
学家们也是这样的。但是就像你自己的资料一样，历史学家们参看的那
些史料可能也不会立即回答所有的问题。

历史史料被它们产生的时间，同时也被现在人们阅读它们的方式制
约着。历史学家们越来越多地关注人们对事件的看法。比如，中世纪流
传的圣徒们的故事总是充满着奇幻之处。据说圣丹尼斯在巴黎给高卢异
教徒传道时，头被砍了下来。传说他用手拿着头走到了城市外面，也就
是日后成为圣丹尼斯修道院的地方，并将头放在了他应该被埋葬的地方。
法国的国王们后来就被埋葬在建于此处的修道院教堂里。这位手中拿着
自己头颅的圣徒的塑像，如今伫立在巴黎圣母院前面。它是重新雕刻的，
原来的已经在法国大革命中被暴徒们推倒了。

　　我们中的大部分人都不会相信有人会拿着自己被砍下来的头颅游荡，然而你可以将这个故事作为一个引人入胜的传说，并不完全真实。那么中世纪巴黎的人们相信这个奇迹吗？在对于历史的一个极为理性的态度下，你可能会觉得圣丹尼斯的故事有利于巴黎的主教们强调自己城市的重要性以及他们所宣扬的正统的基督教神学。巴黎因为这个奇迹而获得了非常神圣的地位。但又有谁能分辨清楚呢？可能中世纪的主教们确实相信这个故事。可能你需要修正你对于这个故事的起因的精彩、合理的解释。

　　历史学家们讲的故事是关于生活在特定的历史时期和地点的人物。人类的动机在每个时代都是复杂、神秘，更多时候甚至是荒谬的。世界各地的人们毫无理由地做着疯狂与破坏性的事情，那些歇斯底里的统治者们鼓动人们谴责国家灾难的替罪羊或者假想敌，并向他们实施恐怖的迫害。"理性的"人们不会相信圣丹尼斯拿着自己的头颅穿过了巴黎。但"理性的"人们怎么能默许对假想敌系统性的屠杀呢，就像是在 20 世纪初的亚美尼亚或 20 世纪末的卢旺达所发生的？

　　所有这些都说明，历史不仅包含了你对日常生活的一般思考方式，还要求你努力去理解与你自己极为不同的行为和思想。不用怀疑，当过去人们的被其时代所塑造的语言和行为，以一种与我们当前所面对的挑战息息相关的方式向我们说话时，我们能最好地理解他们。达到这样的理解，要求你敢于提出问题，尤其是那些基于你自己的现实关切与兴趣的问题。

2.1　历史学的问题

　　当你仔细思考历史，尤其是当你学习与阅读它时，将这些熟悉的问题记在心中——何人、何事、何时、何地、何以如此——将它们作为你的指导。在你阅读或思考一个话题的时候，试着简要地回答它们。回答这些问题与受过教育的人通常处理信息的方式相一致，也长久地被他们用来理解过去的事件。当历史学家们把注意力集中在一个发生的事件上时，他们会问谁参与了事件，到底发生了什么，什么时候发生的，在哪里发生，以及为什么。答案通常有重叠的部分。解释发生了什么有时也是在解释为什么发生。你几乎不可能把一个"何人"的问题和"何事"的问题分开，因为当你描述一个人时其实就是在探讨那个人做了什么。

问题的重合也正是它们在研究中如此重要的原因。一个复杂的事件就像是一个由各种颜色的线紧紧编织而成的精美挂毯。线是截然不同的，但它们很难被分离出来。这些问题可以帮助你关注这一根或那一根重要的线，看清它怎样对整体产生影响。它们在分析人类行为上发挥着不可估量的作用。你对某个问题或另一个问题的强调可能会决定你写作一篇关于一个历史事件的文章的路径。因此，你提问的焦点可能会改变你识别的谜题，以及你要讲的故事。记住，不仅仅只有"何人"的问题、"何事"的问题，或者"何以如此"的问题。这样的问题可能还会有很多个。能问多少就问多少，强迫一下你的思维。

这样研究问题通常可以帮助你渡过写作的瓶颈期。所有的作者都曾经历过这样的苦恼。你无法开始写作，难以继续，或不能结束。但是找到一个地方开始是很重要的，即使它只是一小步。试着从写出你脑海中最先反应出来的有关的问题开始，不要担心它们会有重叠的部分。然后试着写出它们的答案。通常你可以强迫自己思考，把你想到的所有东西写出来。即使是一首由你的失意组成的无聊的诗，也可能激发你更加深入的写作。当然，写作可以刺激你的思想，这一点怎样强调都不为过。几乎所有写作的过程都会使你的头脑中充斥着各种想法，而这些想法是你在开始写作之前绝不可能有的。有时，每天严格地花费十分钟记录日记，即使它们当天没有产出任何东西，也可以帮助你快速开始更深入的写作，而不是拖延下去。或者你也可以找到一个朋友，每天固定一个时间在线上聊聊进展状况，以此来开始你的写作。但最重要的是，如果你没有努力写下一点关于你的问题的东西，或者未找到你已经开始在找的问题的答案，你就不要停止提问。

2.1.1 "何人"的问题

很多历史话题以人物为中心。如果你的话题是其中之一，你可能也会从"何人"这个问题开始。谁是赛珍珠（Peal S. Buck）？她的作品是写谁的？谁喜欢她的作品？她有哪些批评者？谁对她作品的翻译最有影响力？在阅读史料时，当你问出这些问题，你要记录下它们，并大致写出答案——或者注明你并不知道问题的答案。你也应该注意到在这个过程中出现的很多其他问题。她住在中国的哪里？她在中国传教士的经历对于她对中国的看法有何影响？为了改变美国人对中国的态度，她做了哪些贡献？她为什么获得了诺贝尔奖？这个奖项是什么时候授予的？文学评论家是怎样看待她的作品的？她的书迷们是怎么看待她的？人们现在怎么评论她的作品？对于她的作品的态度是什么时候开始转变的？转变的原因是什么？

当你问出并且尝试着去回答这些附加的问题时，你的思想就会逐渐展开。你开始能看到你的问题之间的关系。比如，你可能会强迫自己问十几个或更多"何地"的问题或"何以如此"的问题。并且你可能会开始重新阅读一些史料。比如，你可能会知道当毛泽东领导的共产党在1949年接管了中国大陆时，美国公众对此表示出了极大的震惊。赛珍珠关于中国的理想主义的书，尤其是其经典作品《大地》构建了一个与当时情形并不相符的中国形象吗？这些问题会促使你去阅读或者重读赛珍珠的作品、她那个时代的关于她作品的评论，以及之后所写的关于她的文章。通过这些，你会找到写出好文章的方法。你最初的"何人"的问题会打开你写作的大门，即使你不会在文章中写出你发现的所有答案。

2.1.2   "何事"的问题

"何事"的问题，无疑植根于历史学的基本问题：发生了什么？但是当你深入地探查，问"何事"的问题可能需要你剔除掉一些传奇与误解，来看到底发生了什么。当你阅读史料时，一个问题会经常出现在你的脑海，那就是"这意味着什么？"通常情况下，你要尝试着看看过去的人们用他们的语言想要表达什么。由于词义经常变化，它们也会迷惑我们。"对于它的理解有什么改变吗？"也是一个重要的问题。

在19世纪，"自由主义"这个词被用来形容那些想要在由土地贵族统治的国家为自己开辟出商路的商人。自由主义者是那些认为政府不应该干预商业的资本家。大部分自由主义者认为，由供需杠杆指导市场就可以了，任何人为干预都会破坏这一法则并且会造成灾祸。20世纪时，"自由主义"这个词被美国人用来描述那些想要政府来平衡强者与弱者之间以及贫者与富者之间的权利的人。在21世纪初，没有一个主流的美国政党想要使用这个词，因为它暗示着政府要资助那些贫困与弱势群体，随之要征税来支持那笔花销。在有些政治修辞中，"自由主义"已经成为具有讽刺含义的一类词。

当然，对于这个词的不同使用方式之间是存在着联系的。19与20世纪的自由主义者都拥护"自由"（liberty），也就是"自由主义"（liberal）

的词根。19 世纪，自由主义者想要在地主贵族拥有政治权力的社会为商人阶层争取到更多的自由。20 世纪，自由主义者想要为穷人们争取到更多自由，包括在公立学校接受教育的自由，以及得到能力的承认与进一步深造的机会。美国人生活的哪些变化导致了自由这一概念的差异？是什么使人们对于"自由"与"自由主义"的态度发生改变？

当你在写作中使用这些宽泛的术语时，必须要界定这些词在你的文章中具体意味着什么。一定要注意不要用今天的定义解读过去的概念。不要仅仅依赖于容易获得的词典里的定义，就像是你能很快从电脑上查到的那些。请确查单词的词根与词源，包括它们在历史上如何被使用的例子。词语是在特定时空的历史学语境中被定义的，你必须确保自己知道它们最初的意思、之后词义发生了什么变化，以及它们现在通常的意思。

在回答"何事"的问题时，历史学家有时会试图区分事件的独特性质和那些似乎有持续相关性的性质。比如，是什么特质使一些大的国家维持了很长时间？哪一些性质使得其他的国家迅速衰败？这些问题都是很吸引人的，然而答案却是不确定的。一位历史学家看到的可能是一种重复的模式；在同样的事件中，其他人可能看到特定时间和地点的环境是独特的。一些希腊和罗马的历史学家相信历史是具有循环性的，知道过去就意味着人们可以预测未来。几乎没有现代历史学家会做出这样的论断。一些宽泛的模式看起来确实是循环的。帝国、国家和文明兴衰交替。对于一些学者来说，这些重复使得所有的历史看起来像是在一个永恒不变的循环中。然而这样看待历史的话，它就像是一台跑步机一样，人类在其中无止境地艰难前行，但是却不会到达任何地方。这会限制历史学家发现历史上真正发生了什么的能力。

2.1.3　"何时"的问题

有时你知道某件事情发生的准确时间，比如日本在珍珠港投掷第一枚炸弹的时间、富兰克林·罗斯福去世的时间，以及联邦政府在盖茨堡战争的第三天的什么时候支出达到最高水平。当然这源于我们对测量时间的一般方法的认同。历史学家们知道，时间计量并不一直都是这样的，并且从某种程度上来说，当今也不都是这样的。比如穆斯林的计时方法就是不同的，他们以穆罕默德从麦加迁徙到麦地那，而不是耶稣的降生作为计时的开端，并且他们用阴历而不是阳历来计算逝去的时间。日历的历史本身就是一个很吸引人的历史课题。尽管如此，为了避免混淆，历史学家们通常采用西方的，或者叫格里高利历的计时方法，并且这已经成为回答很多"何时"的问题的一种实用、现实的方法。

在与其他一些事情的关联中来问某件事是什么时候发生的，这可以产生一个很吸引人的研究话题。什么时候克里特岛上的火山爆发摧毁了米诺斯文明？这个问题与希腊大陆上的雅典、斯巴达的崛起有关。理查德·尼克松（Richard Nixon）是什么时候知道他白宫的职员卷入了声名狼藉的 1972 年 6 月 17 日的水门事件？"你是什么时候知道的？"在随后对尼克松及其助手的调查中，这成为一个很重要的问题。这个问题体现了处理史料的怀疑方法，这对于历史写作是很重要的。如果你能在研究中接受怀疑主义观念，并且在试图解决与课题相关的关键问题时使用它，将对你非常有益。

2.1.4　"何地"的问题

关于事情在哪里发生的问题是十分吸引人的。没有人知道卢比孔河的具体位置。尤利乌斯·恺撒（Julius Caesar）违背了罗马共和国禁止军队靠近首都的法律，带领军队渡过了这条河。但不论它在哪里，它如今另有一个名字。卢比孔河在如今的意大利北部，形成了罗马山南高卢省与罗马共和国的分界。但是如今意大利的哪条河流是当时的卢比孔河还是有争议的。然而，确定卢比孔河的位置可以帮助历史学家们更好地理解在恺撒带领部队逼近首都时，罗马元老院有多么惊恐。

"何地"的问题关于地理，因此当你写作时，应该思考地理知识。地理不会为你的研究产生出一些特殊的东西，但如果你问出了正确的问题，地理可能会为你打开以前从没想象到的事件与解释的新景象。法国的年鉴学派将地理作为最基本的考量对象，问出一些类似于从欧洲的一地到另一地需要多少时间、主要的商贸路线在哪里、不同的庄稼种植在哪里、哪些城市之间的联系最密切等这样的问题。好的地质学地图展示出了道路、河流、山脉、关隘、海岸和城镇的位置，对于历史学家来说，这是必不可少的资源。现代在线的地图资源，比如谷歌地图，也可以帮助你对资料提出更好的问题。但要记住，就像用来描述它们的词语的意思会变化一样，地图与地理特征也是会变化的。

2.1.5 "何以如此"的问题

有时你知道发生了什么，但基本的好奇心会驱使你问为什么发生。为什么它会有这样的影响？这些问题——本质上关于原因与结果——具有永恒的吸引力。但原因与结果就像是难以控制的双胞胎一样。在历史学的研究中，它们是不能分割的，通常也很难看到它们是怎样互相联系的。你可能会将引起事情发生的事件称作导火索。背景原因就是导火索作用的环境。导火索通常是充满戏剧性的、清楚的。背景原因则比较难疏理，通常是含糊不清的。

美国内战的导火索就是 1861 年 4 月 12 日，南卡罗来纳的军队炸毁并攻占了萨姆特堡。没有人会宣称仅仅是查理斯顿港的事件引起了美国内战。在周五早晨的事件背后，隐藏了南北之间复杂的分歧。这些是美国内战的背景原因，之后历史学家们尝试梳理它们以讲述一个可信、准确的故事，来解释这场美国历史上最为惨烈的战争为什么发生。

背景原因给研究历史"何以如此"发生提供了丰富的可能性。它们给作者的研究、分析、推理，甚至猜测提供了机会。但是导火索本身就是有价值的问题。在 1861 年 4 月的那天，萨姆特堡究竟发生了什么？为什么在那一年的那一天人们能够激发那样的热情？通常情况下，"何以如此"的问题与"何事"的问题会一起出现。

一个好的历史学家在写作时会考虑到有哪些不同但是相关的因素作用在了事件上，并且会在具体情境中观察事件的发生，这经常会牵扯到一大批人物与事件。19 世纪的历史学家们认为，如果他们理解领导人的想法，他们就知道了关于历史事件为什么发生所需要知道的一切。但是，在情境里思考就意味着当你思考重大问题时，要将繁杂的原因进行分类并且权衡其重要性。因此，现在更多历史学家会问这样的问题，比如为什么在 1857 年的孟加拉，服役于东印度公司的印度士兵的一场叛乱会引发对全印度英国殖民者的大屠杀？为什么英国人可以说服其他的印度人与他们联合起来残酷镇压叛乱？这些问题通常会将研究引向具体的人，而且通常是没有受过教育的人。他们大多没有留下文字记载。因为复活那群人是不可能的，回答"为什么"的问题也会很复杂，答案有时会不确定，但却十分吸引人。

一些"为什么"的问题似乎已经有了确定的答案。然而一个喜欢追根究底的历史学家会重新审视最初的谜题，找到另一个可能的答案。这个答案可能与已有的答案不同甚至矛盾。意识到这个过程（通常被称作修正主义）的潜力，会使人们在接受那些所谓的历史定论时更加谨慎。这种怀疑的态度是历史写作的必要部分。问一些可能被忽视了的问题，从新的角度来理解已经被接受的论点，仔细地检查证据，以及发现一些没有被注意到的史料都会帮助你重新讲述过去的故事。但这个过程需要你注意避免一些历史写作中常见的谬误。

2.2 历史学的谬误

历史学家大卫·哈克特·费舍尔（David Hackett Fischer）几年前就注意到，"谬误（fallacy）并不仅仅是错误本身，而是陷入错误的一种路径。它在于错误的推理，通常前提是真实的，但是却得出了错误的结论。"[1]在他的书中，费舍尔教授就这个问题列举了一系列具体的谬误，并且从历史学文章中一一选出了例子。他的书出现几年之后，历史学家们都翻阅它们，希望自己没有在例子中出现。因此，对于有追求的历史学家，一个更加有效的方法就是把一些常见的错误记在心里，以免在自己的写作中犯同样的错误。

你可能会对经常与"假想敌"这个词联系在一起的一种常见的谬误很熟悉。当人们反驳一个对手并没有采用的观点时，或者在没有证据的情况下将不好的动机强加给对手时，他们就设立了假想敌。在 21 世纪这个任何有想法的人都可以发声的时代，人们可以去表达最为离谱的观点，即通过反对一个没有人支持的观点来宣称自己智力的胜利，这是十分普遍且不公平的。这样的争论是毫无意义的。更糟糕的是，一些人可能会

---

1 David Hackett Fischer, *Historians' Fallacies: Toward a Logic of Historical Thought* (New York: Harper and Row, 1970), xvii.

提出一个带着人身攻击的论点，即基于一些个人特征断言其对手不值得相信。这个谬误无疑是基于攻击提出论点的人，而不是关注支撑论点的逻辑或证据。要避免这个谬误，公平地看待你的反对者的观点，准确地描述它们，在其优点的基础上做出批判。

你也应该注意避免追随潮流的谬误，即仅仅因为很多历史学家都同意这个观点，你就觉得它一定是对的。专家们的共识并不应该被轻视，但他们也易于产生偏见，或屈从于他们观念中共同的欲望。民主的想法是找到一个大多数人都能接受的观点，但这并不总是找到历史学科结论的最好方法。伟大的历史学作品都是由那些不屈从于历史学家一致观点的人写出来的，他们不懈地寻找证据证实自己的想法。在挑战一个一致的观点时，请注意一定要有证据。

另一个思想上的错误——单一原因的谬误——在寻找复杂的"为什么"问题的答案时，可能会出现。一个特殊的可能性可能会看起来尤其有吸引力，但将所有的原因都归结到一点上时，通常情况下都是错误的。不要给复杂和困难的问题一个简单的答案。比如说，不要争论罗马帝国的衰亡是因为人们从铅管中喝水，或美国南部在内战中失利仅仅是因为李将军在盖茨堡的战败。这些事件都是由复杂的原因引起的，你应该对这种复杂性有所了解。

你也要极力避免这样的谬误——用拉丁语表述为"post hoc ergo propter hoc"，即"在此之后，因而必然由此造成"。它指的是相信如果某事发生在某事之后，那么首先发生的事引起了后来发生的事的逻辑谬误。当两个事件密切相关时，一个关于这一谬误的更微妙的问题会出现，尽管一件事并不必然引起另一件事。在1929年10月，纽约证券交易所崩溃。大萧条紧随而来。但如果认为是纽交所的崩溃引发了大萧条，那就是错误的；它们两个的发生看起来都是由于相同的经济力量原因。当你在文章中面对这样的事件关系时，你必须要仔细地理清复杂的因果关系线索，避免将事情简单化。

在一个同样的过于简单化的谬误中，很多 19 世纪的历史学家认为，历史就是对必然的发展过程的讲述，它终结于一个可预测的结论，比如，白种人的胜利是因为他们被假定的相对于世界上其他人种的优越性。他们将这看成是向前迈进的一步，使整个世界变得更好。其他历史学家将历史的演进看作是上帝的意志：当人们做好事时，他们会兴盛；当触犯了上帝的律法时，他们会衰败并且受到惩罚。但是细致的研究表明，历史演进过程中的旋涡与浪潮并不能被很好地预测。

同样地，那些认为学习过去的历史可以帮助他们在将来避免错误的人很容易成为这种谬误的受害者，他们低估了源源不断地进入历史洪流的新事物。新的发明、新的思维方式，或者观念的新的组合方式，可以扰乱所有的预测。很多现代历史学家明白，在我们谈论关于现在与未来，历史能告诉我们什么时，需要很谨慎。首先，现在很少有历史学家还在预测人类事务中那些必然会发生的事件。其次，很好地了解历史但仍然被事件所震惊是可能的。在最近的几十年里，不论年长还是年轻，数以千计的历史学家都在学习苏联历史。以前中央情报局雇用了历史学家去帮助美国政府思考如何处理有关苏联的事务，并且预测苏联的动态。但是，没有一个历史学家预测出了庞大的苏联帝国在 1989 年和 1990 年的突然崩溃与解体。

一个相似的谬误是，假设一些人类社会的不变的本质——有时被描述为传统——并认为它们会抵御一切的突然变化。因此 2011 年时，一些研究中东的历史学家还有学者在毫无戒备的情况下被捕，当时这个区域的国家一个接一个地被改革运动所震动。一批新的历史学家肯定会带着修正主义的态度回头去看这些历史事件，并在刚刚过去的历史里寻找证据，这些证据可能会显示出变化的可能性，而且这些可能性很多都是以前从未出现过的。但是这样做就意味着你要带着新的假设仔细地审视证据，还要有问出不同问题的意愿。在你自己的工作中，你不应该害怕这样做，即使你在很小心地避免一些谬误。

2.3　做出推断

当然，我们鼓励你用自己的思维去思考证据，同时，在质疑信息的来源时，要运用思维的推断能力。人类通过推断来安排日常生活。如果早晨你看到了堆积在天上的低垂、黑暗的云朵，当你离开家的时候，就会带上雨伞。为什么？因为你过去看到过这样的云，它们通常意味着将要下雨。你通过唤起过去的经验推断现在的事件或者处境。你不能总是确定你的推断是正确的。有的时候，乌云很快就会被吹走，天空变得晴朗，因此你整天带着一把没用的伞或者一件雨衣。但是如果没有了推断，人类每天早晨都要重新认识这个世界。

历史学家们总是对他们的问题答出推论式的答案。他们努力地为一个文档、证据、几个相互矛盾的史料赋予意义。他们试着准确地判断什么是可靠的，研究史据为什么被创造出来，可能是什么时候、在哪里、由谁创造。推论的目的是一致性。历史学家们试着将自己知道的放进一个看似可信的整体之中。比如，一个文件使用了该文件产生很久之后才出现的词语，你会感到文件可疑。假设你读到 1851 年一位可能正穿越平原去往加利福尼亚州的妇女的日记，其中写道："我们正在度过一段艰难的时间，而且我知道，未来人们在 80 号州际公路上开着车穿越内布拉斯加州时，很难想象我们所经历的一切。"你会很快推论出，关于这个文献的一些说法是有严重问题的。

实际上，历史学家在处理各种证据时，面对着相似的问题。尤其是当书写所需的文献有丢失、不是很有用，或者有不一致的地方时，并且很少有能够直接填补空白的其他证据。但这并不会让一个好的历史学家停止提问、推论，以及尝试着去讲一个关于过去的真实的故事。比如，16 世纪埃尔南多·德·索托（Hernando de Soto）写下了穿越现在的美国东南部的游记，艾尔弗雷德·W. 克罗斯比（Alfred W. Crosby）在阅读此游记后，被里面的描述与两个世纪之后这里最早的殖民者的记载的不一致所震惊。

> 在阿肯萨斯州东部和南部与路易斯安那州东北部，即德·索托发现了 30 个小镇与省份的地方，法国人只发现了一些村庄。德·索托曾经站在寺庙土堆上看到一些村庄，这些村庄除了土丘和其间的玉米地之外再没有什么了，这里现在则是一片荒野……
>
> 在 16 世纪，德·索托的年代记编者在他们从佛罗里达到田纳西再回到海岸的路线中没有看到野牛，或者他们看到了这种美丽的野兽，但是并没有在书中记载下来——这看起来是极不可信的。考古资料与对印第安人地名的考察同样表明，德·索托的路线上没有野牛，在沿途与海岸之间也没有野牛的存在。一个半世纪之后，法国人与英国人到达，他们在山脉与山谷中甚至在大西洋沿岸都发现了这种杂毛丛生成群结队的动物。在这之间发生了什么是很好概括性地总结的：一个新的生态位出现，野牛移居其中。一些原因使这些动物远离印第安人周期性地使用火和锄头开垦出来的越来越广阔的林间空地。1540 年之后，这些原因开始减少、消失。这些原因极有可能是印第安人自己，他们为了获取食物或者保护他们的庄稼而宰杀了野牛。
>
> 这期间印第安人的减少与消失很可能是传染病造成的。没有其他

的因素可以导致这么大一部分北美洲的人消失。[1]

克罗斯比的问题使得他要去寻找其他的信息——生态学与地理学角度的信息——并基于一个可能的推论得出答案。就像是罗伯特·C.威廉姆斯（Robert C. Williams）最近所观察到的那样，"历史学家会利用手中的每一个证据"，经常会"将科学的方法运用到历史学的问题中"，尝试着解决有关过去的谜题。[2] 通常情况下，这和在诉讼过程中遇到的法律性的证据很相似，这些史料有时是专门为历史学而形成的。比如，法医学（包括对于牙齿的牙科学检查）和 DNA 类型检测为沙皇尼古拉二世及其家人、仆人的身份的确认提供了重要的证据，在遇害 80 年后，他们被草草埋葬的尸骨在 20 世纪 90 年代被挖出来了。到了 20 世纪 90 年代末期，也以同样的方法为儿皇帝路易十七遗体的鉴别提供了证据。他是路易十六与玛丽·安托瓦内特的孩子。但 DNA 对比研究并没有为同一时期的托马斯·杰斐逊（Thomas Jefferson）与莎莉·海明斯（Sally Hemmings）的问题提供如此明确的证据，只是表明杰斐逊可能与一个奴隶育有私生子。

历史学家们也用其他的科学证据来重新审视他们的文献史料。在某些情况下，化学分析被证明是很关键的，尤其是在艺术方面，它为艺术史学家们提供了检验画作可靠性的途径。在检验已故画家画作的现代伪造品时，画作的化学成分是很重要的。相似的科技也在 20 世纪晚期被用于检验其他伪造品。比如所谓的文兰地图，还有轰动一时的阿道夫·

1　Alfred W. Crosby, *Ecological Imperialism: The Biological Expansion of Europe, 900—1900* (Cambridge, UK: Cambridge University Press, 1986), 212—213. 我们省略了克罗斯比用来得出他结论的重要证据的引注。

2　Robert C. Williams, *The Forensic Historian: Using Science to Reexamine the Past* (Armonk, NY: M. E. Sharpe, 2013), 3. 威廉姆斯教授提供了关于我们所讨论的大量具体例子的叙述。

希特勒的日记，结果表明，它们都是不够高明的仿造品。尽管很多有名的历史学家都宣称它们为历史提供了很重要的新史料，但化学分析的结果显示，它们所使用的纸张与墨水在它们被假定产生的时代是不可能存在的。

尽管你可能没有这种科学研究方法去直接检测你的史料，但这些例子可以在你解决一个历史谜题时，给你提供警示：留心你找到的所有形式的史料。和最近几年的许多历史学家一样，你会发现社会学家甚至人类学家的作品提供了有趣的可能性。那些被人类学家、心理学家、社会学家、政治学家所使用的研究现代人群的理论与方法，也可以为研究过去的人群提供分析框架。你可能会追随那些承认他们的历史材料符合一定规则的历史学家。这些规则是由史料自己的类型决定的。比如，一个外交官写了一封信，他的读者在这封信中期待着特定模式并用特定的语言风格表述的信息。这些以及其他方法论的创新，基本上来自于文学学者，它们对于历史学家接触历史的方式有着很广泛的影响。你可能会想要在你的文章中使用相似的技巧。就像是克罗斯比教授在回答关于美国东南部的旅行者与殖民者的记载的问题时所做的那样，你可以找到与你的话题相关的史料，或者合适的分析方法，然后用它们去推断你提出的历史问题的结论。

2.3.1　数据资料与历史

即使有些史料看起来十分可信，它们仍旧需要历史学家的推论才能得出结论。在运用数据时当然也是这样的，它越来越成为历史学写作的主要原始资料。现代的政府带着近乎宗教般的热忱记录数据，其他的机构，比如各种投票机构，带着同样的热情收集着数据。对于一些学习历史的学生来说，数据可能过于单调，但对于其他学生来说，它可能是振奋人心的，并且打开了通向过去的一扇新窗户。但是数据需要被阐释。"和所有的数据一样，"普丽亚·乔希（Priya Joshi），一位英属印度的历史学家认为，"统计学数据最多只应该被看作是近似值，只相当于一个找回与操纵数据的工具，因此它只是暂时的，直到不同的或更好的统计学方法（或者是其他更好的历史研究方法）出现。"[1]历史学家们可以从统计学数据推论出很多东西，但如果他们的推论方法不正确，就会犯很严重的错误。

由罗伯特·福格尔（Robert William Fogel）和斯坦利·恩格曼（Stanley L. Engerman）写的《苦难的时代：美国奴隶制经济学》是一本饱受争议的基于统计学方法的史学著作，这本书尝试着从数据看内战前的黑人面貌。这种方法在20世纪中期以来就被称作计量史学，也就是主要通过分析统计学数据尤其是经济学数据来研究人类历史。在《苦难的时代：美国奴隶制经济学》出版后，这种史学研究方法被给予了很高的声望。[2]这本书引发了学术界相当大的讨论，也引发了很多批评。很多历史学家都同意托马斯·哈斯科尔（Thomas L. Haskell）的看法，认为"淹没在论战中"是无用的。[3]因之而产生的怀疑主义态度并没有鼓励新一代历史学家继续使用定量研究方法。

最近的很多学者，包括很多历史学家，重新开始用分析数据资料的

1　Priya Joshi, "Quantitative Method, Literary History," *Book History* 5 (2002): 273.

2　Robert William Fogel and Stanley L. Engerman, *Time on the Cross: The Economics of American Negro Slavery* (Boston: Little, Brown and Company, 1974), 2 vols. 作者将第一卷描述为"基本卷"，包含了对问题的一般讨论以及他们的结论；第二卷是证据和关于研究的详细的"技术、方法论和理论基础"；vol. 1, p. v.

3　Thomas L. Haskell, "The True & Tragical History of 'Time on the Cross,'" *The New York Review of Books*, 22, no. 15 (October 2, 1975), p. 9, available at http://www.nybooks.com/articles/9075.

方法来研究过去。历史学家伊恩·莫里斯（Ian Morris）的《西方将主宰多久：东方为什么落后，西方为什么能崛起》就使用了从大量数据库中得出的数学模型，在很长的时间跨度中对很多社会的结论做了说明。[1] 其他的学者（不都是历史学家）同样尝试基于从世界各地搜集来的信息建立的数据库得出可预测的数学方程式。这些新的途径现在被生态学家与进化生物学家皮特·图尔钦（Peter Turchin）称为历史动力学（cliodynamics），[2] 它基于这样一个假设，即认为不同社会的文化动力在本质上是一样的。因此而产生的"大历史图景"比福格尔与恩格曼早期的努力更加粗略，并且更加类似于气象学一类的科学，充满了对人类事件的预言性的概括以及对意外事件和不确定性的接纳，它在很长时间里被历史学家们用于股票和贸易。尽管如此，计量史学出现的这个新的变化显示，对于过去的计量即使有时并不能像历史学家们期望的那样精确，仍然可以发现历史学的"显而易见的事实"。[3]

　　这项工作更容易进行了，因为现在的数据信息通常能以精确、易懂、好用的形式获得，虽然有时可获取的数据信息的数量是让人生畏的。但是这项工作也变得更难了，因为你很容易被一项充满着无穷无尽的数字、表格、图表的工作击垮。对这样的统计数据的解释需要高水平的技术，这甚至会使得任务比它最初看上去更难。统计学作为一个学科是重要且复杂的，它严格地介绍了对数据意义的解读方法。即使学过统计学，解释中出现错误还是很常见。数字会给文章提供正确可靠的外表，但是这个外表可能与实际是不符的。

1　Ian Morris, *Why the West Rules—For Now* (New York: Farrar, Straus and Giroux, 2010).

2　See Peter Turchin, *Historical Dynamics: Why States Rise and Fall* (Princeton, NJ: Princeton University Press, 2003).

3　Joshi, 264.

当然，很多问题超越了统计学的范畴。很多反对在历史写作中使用计量方法的批评者认为，这种方法的实践者实际所知道的比他们声称所知道的要少。批评者们说，没有什么可以取代通过他们生活于其中的生动的语言来理解历史的方法。对于那些有着人文主义倾向的历史学家来说，数据只是没有血肉与呼吸的骷髅。定量历史学家则认为，人文主义的历史学家一直在说着同一件事，而数据可以帮助人们解答很多历史谜题。因此，我们的建议与四十年前大卫·哈克特·费舍尔提供的建议一样："每个历史学家都应该统计一切资料，采用最易获得的统计学方法。"[1]

这么做需要你理解统计学分析方法的局限，并且在它的局限之下进行操作。如果你写的文章是基于统计学的研究，请确定你有充足的数据，并且对数据的解释方法足够了解，以避免明显的错误。学习统计学分析中正确的专业术语（比如你必须知道中位数与平均值的区别、钟形曲线的意义，你也应该知道一个随机样本是怎样搜集的）。从证据做出推论时，一定要谨慎。即使你有统计学的基本知识，请确定你知道如何将这些方法运用在历史写作中。[2]向你的历史导师寻求建议，有了他们的指导之后，你还可以向你们学校教授统计学知识的老师，以及那些知道统计学研究的缺陷的老师寻求指导。你的问询又激发了你的兴趣，你将对此感到惊奇与开心。

使用统计数据和使用其他任何证据一样，当你依据史料做出有关于你研究的问题的重要推论时，你就成了一个积极的发问者。记住上奥逊省关于奥约帝国考古与历史文化工程的指导，阿肯乌米·奥甘得瑞

1　Fischer, 90.

2　作为一个起点，我们推荐此书：Charles H. Feinstein and Mark Thomas, *Making History Count: A Primer in Quantitative Methods for Historians* (New York: Cambridge University Press, 2002).

（Akinumi Ogundrian）教授的警告，"历史并不是由史料的性质来决定的，而是由人们提出的关于人类处境的问题的性质决定。"[1] 积极地用问问题的方法阅读和分析与过去有关的信息，找出谜题，试着填补你可能找到的空白，并且做出自己的推论。当然，在这个过程中，你一定要评估你所读到的材料对于你要写的历史有怎样的价值。

2.4　评估史料价值

评估的过程对于历史写作当然是很重要的。所有的历史学家，都会以各种方式评估自己历史写作材料的价值。这些实践组成了历史学的"批判方法"，这是历史学家们特殊的思考方式的一个关键部分，并且它鼓励一种健康的历史学怀疑主义，这在评估各种史料时是很重要的。曾经，评估的过程主要是看历史学档案是否像它们自己被宣称的那样真实。一个著名的例子是一份中世纪的文件，即大家所知道的"君士坦丁的赠礼"（Donation of Constantine）。

根据这份文件，在 4 世纪时，皇帝君士坦丁被一个教皇治好了麻风病，为表感激之情，他从罗马搬到了君士坦丁堡，他写出这份文件来给予教皇及其继任者们西欧的统治权。几个世纪过去之后，一位名叫洛伦佐·瓦拉（Lorenzo Valla）的意大利人开始对赠礼有了疑问。为什么在君士坦丁身边的记载了君士坦丁及其统治的人都没有提到他的麻风病或者赠礼？为什么这份文件使用了很多几个世纪后才产生的词语？为什么在 9 世纪以前都没有人引用过它？为什么它犯了那么多历史错误？瓦拉推

1　Akinwumi Ogundiran, "The End of Prehistory? An Africanist Comment," *American Historical Review* 118 (June 2013): 793.

论出，这份文件并不是关于一个真实的历史事件，也不可能是写于君士坦丁时期。因此，他总结说这个文献是伪造的。尽管他的判断并没有立即被天主教会接受，他的分析已经广泛地被历史学家接受了。

但是伪造的历史文献的记录并不仅限于几个世纪以前。最近几年出现了很多史料不真实的有名的例子。一些伪造的史料，比如文兰地图和希特勒日记，已经以科学证据被揭穿了。你在历史论文写作中也许不会去证实史料的可靠性，但这样的经历表明，你将会受到一种健康的历史怀疑主义的审视。如果你的史料来自于一个废弃的衣箱或者是一间久置不用的阁楼，你就应该努力去鉴别它们的可靠性。但是大多数情况下，你可能会使用的原始材料都已经出版了。你肯定期盼编辑在出版之前，已经将史料的每一个部分都校勘清楚了。你可能实际上在附近的档案馆或图书馆中找到了一份并未出版的原始史料，那里的原始文献的管理者会下决心鉴别它们。

当然，现在很多关于过去的史料都可以在网上轻松找到。其中有些是和档案馆、图书馆，以及其他享有声誉的组织联系在一起的，它们的管理者们很可能对史料，至少对史料的可靠性，做出了初步的判断。但是，你不应该对一切向研究者提供史料的网站不加批判地接受。你应该经常思考这些问题：谁创建了或者运营着这个网站？哪个组织（如果有的话）赞助着它的运作？那些对此网站负有责任的人会因为它的内容得到特殊利益吗？如果这个网站看起来并没有赞助人，那么这是一个仅仅出于热情而创建的网站吗？当然，个人可能会因为学术或者非党派的目的去创建这样的网站。你应该学会用历史学家们推理的能力去回答其中的问题，至少是回答一部分。但是如果你不能找出任何关于网站的赞助者或者创建者的信息，那你就应该停下来了。记住，历史学家们在评估史料时，赋予怀疑主义很高的价值。

依照这样的精神，我们应该警惕，不要对历史资料不加批判地接受，包括在网上找到的图片。遗憾的是，我们知道一些网站的创建者们改动了普通的甚至非常有名的史料（可能更多情况下是通过省略文章的某些部分），试图使用改变后的版本支持一个特定的目的。数码科技使照片与图片的调节远比斯大林时代方便。在斯大林时代，一场场清洗之后，苏联的政府官员从国家领袖的官方照片上一个个地消失。在寻找原始史料时，你需要警惕一些。将最著名的洛伦佐·瓦拉的例子记在心里，记住他在阅读与重读"君士坦丁的赠礼"时所表现出的怀疑主义精神。

对一个网站的这种批判性的探索，并不像第一眼看上去那样枯燥。你可能会在意想不到的地方找到重要的信息。我们已经有过很多次这种意外的收获。无论如何，系统地探索一个网站时，运用在历史学家中久负盛名的批判性方法。要记住，当你处理二手史料时，依旧需要保持和对待原始史料同样的怀疑主义态度，这对于你的写作也是很重要的。在这个过程中，你可以使用历史学家们的问题——"何人""何事""何时""何地""何以如此"——还有你的答案以及你做出的推论，来帮助你确定你的史料是否可信、可靠，其次它们是否准确并且可以被证实。当你阅读，以及对各种史料（包括你在网上和其他电子媒介上找到的那些）提出问题时，这四个评估标准可以很好地帮助你。不论史料是在哪里找到的，你都要承担史料的评估者的角色。你的读者，尤其是你的导师，会期盼你仔细地做这个工作。

当然，进行常识性检测是开始你的评估的最好方式之一。历史学家们确实需要信任自己的洞察力。他们需要基于自己对"什么是可能的"的感觉，去做出理性的判断。因此，首先问自己：我找到的东西看起来是否可信？如果你所读的材料声称埃及的金字塔或者复活岛上巨大的石雕像是由来自于外太空的外星人建造的，那么你就有理由去怀疑它。信息以及你对信息的解释越是充满着奇幻色彩，那么它们就越可能仅仅是奇幻而已。这种常识规则的一个应用就是哲学与科学的原则，即"奥卡姆剃刀"，来源于 14 世纪英国哲学家奥卡姆的威廉（William of Ockham）的思想。简而言之，这一概念认为简单的解释比复杂的解释更加容易让人接受，尤其是当已知的信息可以证明这些简单的结论时。

即便你已经使用这种思考方式来确定你的史料是否可信，是什么让你相信一个网站（或者其他史料）是可靠的呢？你是否可以察觉到任何偏见的迹象呢，带有着偏向一方或另一方的倾向？仔细阅读看看有没有一些绝对性的断言。宣称完全、从不、永远——和几乎、很少、经常相反——也可以表明作者没有充分研究课题的所有分支，或者更加糟糕的是，作者想要使你相信一个预设的观点。你还要在作品中寻找公平与平衡的品质。作者是否考虑了其他的观点？那些做出报告的人是否知道自己做了什么报告？比如，那些报告说朝鲜族平民被美国士兵不加区分地射杀的美国退役军人，真的是在安全区——其他朝鲜族平民声称袭击发生的地方——的部队服役吗？可能他们之中的几人作为军队的卫生员治疗过伤员。这可能会让他们的陈述在你看起来更加可靠。

接着，你该思考你所找到的信息是否准确。虽然一些历史信息几乎不受时间影响，但是，你可以通过检查一本书或一篇文章是什么时候写的、一个网站是什么时候建立的，以及它近期的更新在什么时候，来开始思考准确性的问题。你也可以找到其他准确性的指标。信息中的细节与已知的知识以及可推断出的知识相符吗？在很多英国殖民地，每年人口普查的结果都保持一样，并无变化。殖民地区的管理者们看起来仅仅只是做出估计，当第二年需要新的数据时，他们就重复同样的细节，但他们无视了出生人口与死亡人口是不可能每年恰好平衡的。然而英国殖民政府几乎没有质疑过这个报告，如今，没有历史学家会将这些数据作为殖民地实际人口的依据。

最后，你应该在其他的史料中寻找证实，不仅仅在网上，也在参考书以及其他（通常是已出版的）资料中证实你的史料。虽然不能通过其他史料证实的信息不是必须要被否定的，但你应该在你的作品中更加谨慎地对待它。好的历史学家会尽力去做这些，就像《华盛顿邮报》的记者鲍勃·伍德沃德（Bob Woodward）和卡尔·伯恩斯坦（Carl Bernstein）总是寻找其他的原始材料来证实他们的内部检举人最终爆出的20世纪70年代的水门事件的细节。记住，就像伍德沃德与伯恩斯坦一样，你的证实材料之间必须是独立的，这样你才能对你所写的东西有足够的信心。这并不代表单一的证据应该被否定。如果无法证实的话，你必须通过其他途径来建立这种批判的方法论，找到有价值的信息作为你文章的基础。

好的历史学家不会绝对地相信任何史料信息，他们也不相信自己的第一印象。他们也不会仅仅就自己所读到的、所听到的、所看到的来随机地提出问题。历史学家批判方法的运用需要在一套更加系统的建议下，来提出问题、做出推断。只有这样，你才能真正声称已经对信息做了很好的评估，并且写出了一篇包含一些真实论断的历史文章。如果历史学家所呈现的结论更多地证明了自己的轻信、懒惰，或者不愿意提问，而不是对历史的意义提出了真正的洞见，这将对历史学家的名誉产生最坏的影响。在开始你的研究与考证新研究课题的史料时，你可以将以下清单记在心中，来避免类似的情况出现。

□ 评估的作者自查清单

□ 关于这个信息我有什么需要问的问题吗?

□ 我是否可以确定信息的史料是真实的?

□ 信息是否看起来可信?

□ 我对信息来源的可靠性是否有信心?

□ 什么让我觉得信息是准确的?

□ 我怎样才能确定信息被证实了?

第三章

为写作做准备

读完这一章后，你将学会：

- 将你的文章限定在一个明确的主题上；

- 为最初的研究计划做出规划；

- 找出关于你话题的关键的二手史料；

- 鉴别合适的原始史料；

- 在你的研究结束之前就开始写作。

要写好任何一篇文章都不是容易的事，而历史写作有一些独特的问题。有时人们很容易认为，仅仅了解人生，或者是人际互动的一些特殊方面，就足够了。乔治·F. 凯南（George F. Kennan），美国的历史学家与外交官，在1957年时以作品《俄国退出战争》获得了美国国家图书奖，当时他做出了以下设想：

> 恐怕我太过随意地承担起了历史学家的任务，我一直以为，讲述一项外交政策比具体地实施它要简单得多，远非一件责任重大的事。但当我逐渐了解到这个工作的一些原则时，我觉得很惊奇，并开始意识到这个工作的困难程度与重要性。[1]

几乎很少有人会在历史写作方面得到凯南这般的荣誉，但是你可以学着写出优秀的历史作品，也因此学着写好其他文章。在商界、政府机关，还有包括法律、工程等专业领域，搜集、分析、组织资料，以及以可读的形式呈现它们，都是写作任务的一部分。所以，不论你未来的职业是什么，你都有机会使用你在历史写作中学到的技能。

所有的作者都会遵循某种程序，即引导他们从发现与提炼出一个题目，到写出最终稿的一系列步骤。不同的作者会遵循不同的步骤。我和马里厄斯教授发展出了写作的不同方式。我们也意识到了，在我们的一

1　Quoted in *The National Book Award: Writers on Their Craft and Their World* (New York: Book-of-the-Month Club, 1990), 18.

生中，历史学家们工作与书写的方式改变了很多。这些变化中最有意义
的也最为明显的，就是电脑科技的广泛影响、它的应用，以及网络上共
享的观念与知识的爆炸。一个最常见的类比就是，因特网是继收音机发
明以来最具革命性的交流模式；另一个类比认为，电脑对历史学家工作
的影响比印刷技术还要大。诚然，有很多愤世嫉俗者，包括一些历史学
家，他们嘲笑在他们看来很天真很普遍化的观点，即所有有用的都可以
在网上找到。然而，我们认识的历史学家几乎都承认，电脑和互联网对
历史研究与写作有着重大意义。我们很确信你也是这么认为的。

　　然而，如果电脑给历史学的本质做出了什么新的贡献的话，这个变化
"并没有从根本上影响到历史学的产量"，就像英国历史学家亚瑟·马威
客（Arthur Marwick）所观察到的那样。[1]有思想的问题、认真的研究、勤
奋的评估以及认真的编辑对于历史学写作都是十分重要的，尽管这其中
很多步骤都被电子科技深深影响。"写作不仅仅是一种媒介，"我们赞同
吉尔佛大学的杰夫·杰斯科（Jeff Jeske）教授的观点，"它是一个探索的工
具、一次发现的旅程，可以带领人们获得新的观念、更清楚的观念。"[2]电
子技术在这个旅程中可以有所帮助，虽然历史写作也要求学生们创作有
技巧的作品，达到写出过去的真实的故事的目的，这是历史写作的特点。

　　最终你会找到自己写作的方法。在这一章与下一章，我们将带领你
走过历史学的作者们在写文章与书的时候会走过的一些阶段。可能是因
为我们了解自己用过的一些不同的方法，我们的意图并不是要规定一个
固定的程序，而是希望提供一些建议，使这些建议能够融入你自己准备

1　Arthur Marwick, *The New Nature of History: Knowledge, Evidence, Language* (Chicago: Lyceum Books, 2001), 146, emphasis in original.

2　Jeff Jeske, "Why Write," *Guilford College Writing Manual*, http://library.guilford.edu/guilford-college-writing-manual/why-write/write-to-learn/, (n.d.), accessed 30 June 2013.

与完成论文的方式之中。你的导师可能会劝告你根据一定的步骤来写作，不管怎样请留心这样的建议。你可以用我们提供的如下建议来充实你的写作过程。

在一开始的时候，我们要澄清的是这并不是一个线性的过程——一步绝对地接着另一步，最终完成一部作品。其中的一步可能会让你回头去检查之前所做的工作，只有这样你才能完成手头的工作。即使你已经完成了信息的收集、分析和组织，在开始写完整的文章时，写作也会将你带回那些步骤。以下的建议会帮助你了解其他人是怎样写作的，但最终你还是要发展出最适合自己的写作道路。

3.1　注意力集中在一个话题上

很多历史学文章都是源于一项作业。在大学的课程中，你的作业都被写在了课程刚开始时导师发给你的教学大纲里，或者在作文考试的问题里。在阅读每个作业的要求时，你都要非常仔细地寻找暗示：你的导师想要你写哪一类话题，她想要让你使用什么史料，还有文章的长度多长。仔细地遵循这些指示。所写的话题可能被限定在课程内容的范围内："写出一篇你与导师都赞同的主题的文章，长度要十页。"或者话题是被准确限定的："写一篇长度十页的文章，内容是关于 1917 年俄国革命期间，列宁提出《四月提纲》的原因。"在一些课程中，你可能会被要求写出一篇关于历史编写的文章："阿尔弗雷德·克罗斯比（Alfred Crosby）、丹尼尔·海德瑞克（Daniel Headrick）和爱德华·萨义德（Edward Said）都曾经有论著介绍过帝国主义，请写一篇十页的文章探讨他们对于现代帝国主义态度的不同。"

　　不论是作为课外的论文作业或是随堂的考试，有些大学课程会要求（或者额外要求）学生写出短的文章。通常情况下，这些短的文章是关于一些非常具体的话题，你应该仔细阅读作业的要求，确保自己理解了这些要求，我们在附录 C 中还会继续给出一些关于写这类文章，或者考试文章的建议。但是一些历史课程所布置的作业，即使是随堂考试的那种短文章，范围也是很大的。对于很多学生来说，在这样的条件下找到一个题目是很折磨人的。专业的历史学家通常也会有这样的问题，所以如果在你开始写作时遇到这种困难，不要灰心。找到自己的主题的能力同时反映出你对材料的了解程度，与你对它的思考。寻找你自己的话题是一个很好的训练。文科的教育，包括历史学的教育，应该教你问问题，以及仔细考虑你在生活中遇到的每一篇文章与每一个话题。问问题，对于答案持怀疑态度，然后问出更多的问题，这些是一个历史写作过程中必要的部分。

　　你应该对人、事件、文献，或者是你在课程中所考虑的问题保持好奇心。这个好奇心会促使你很自然地问出问题，尤其是与你的研究相关的问题。比如，你可能在一个课程中研究 1917 年的俄国革命，在另一个课程中，你可能在考虑谢尔盖·普罗科菲耶夫（Sergey Prokofiev）的音乐。在研究与阅读这里面的任何一个课题时，你的好奇心会驱使你去思考苏联半个世纪的历史，还有在几个月之内崩溃的历史，它的崩溃并没有被负有相关责任的人预测到。那个令人惊奇的事件会激发你去问出很多问题以满足自己对这个事情是如何发生的好奇心。这些问题中的任何一个都可以成为一篇好的历史文章的话题。

　　当你阅读以及上课时，可以在笔记里记下你所学到的东西，还有你脑海中浮现出的问题，包括——也可能尤其是——那些没有明显答案的问题。系统地记录下所有问题，把它们记在课堂笔记的一个单独的部分。或者你可以用一个单独的、小的笔记本，或者创建一个新的电脑文件夹，只记录那些想法和问题，一个此类的问题集可能会包含着很多论文写作的潜在话题。不要害怕去思考一个陈旧的话题。为什么李将军领导的联邦军队在盖茨堡战役中战败了？在基督后的三个世纪中，基督教什么样的特质吸引了罗马帝国的人民信仰它？文艺复兴时期的人文主义是什么？第一眼看这些问题时，你可能会认为，所有能说的都被说过了。确实，这些话题已经被写了很多。但是当你去看史料时，你可能会发现你有了新的视角，或者至少是与以往不同的、值得进一步探索的视角。如果你仔细研究过一些原始档案文献，并将它们作为打开产生它们的时代或事件的窗户的话会更好。

有时你可以依据自己的兴趣与经历在历史学中找到有趣的话题。如果你是一位有宗教信仰的人士，你就会很自然地试着去理解过去的宗教影响。不要在一篇历史论文中试图使别人转向你的宗教性的观点。宗教确实是持续影响世界的最重要的力量之一，有时，学生们不会利用他们的宗教兴趣来研究宗教信仰对历史事件的影响，我们对此觉得比较奇怪。这和学生们感兴趣的运动、食物、时尚还有生活的其他元素都是一样的。历史学是一门容许你的想象力无限扩展的学科。我们的一个学生在想应该怎样回答她的孩子提出的关于早餐吃香蕉的问题。于是她阅读了一些材料，思考了这个问题，提出了一些疑问，并最终形成了一篇优秀的历史文章，专述香蕉是怎样在美国这个几乎没有商业种植的地方变得如此受欢迎。

然而，我们要重复的一个道理是，你的兴趣必须是基于资料的。在你就历史写点什么之前，你应该知道一些东西。不要武断地拍脑门式地写出一篇文章，你的论证不仅仅是对你的先入之见的重述。好的历史学家先阅读，根据阅读提出问题，再次阅读，然后试着将思路捋顺。他们这是用一种对话的方式来研究过去，就像是我们在第一章所讨论的那样。

他们试着思考最初的问题，仔细审视问题的诸多方面，集中研究一个小的话题，即一个在这篇文章的范围内可把握的题目。你也应该这样做。

以我们的经验来看，学生在写文章时最为常见的一个问题就是话题过于宽泛，文章没有中心。这些文章的作者没有很好地提炼他们的话题，因此也不能形成一个基于证据的独到见解。你不能写出一篇题为"伍德罗·威尔逊"（"Woodrow Wilson"）或者"圣雄甘地"（"Mahatma Ghandi"）或者"苏珊·B. 安东尼"（"Susan B. Anthony"）的有趣且原创的文章。用两千字甚至六千字，只能对一个人的一生做一个简单的概括，这对于一本百科全书来说是合适的，但是对于一篇试着论证某观点的论文来说，是不恰当的。在你决定写"第二次世界大战的起因"，或者"文艺复兴的原因"这类题目时，也会遇到同样的困难。这些话题在一篇十页的文章中显得过于宽泛，难以作出有意义的分析。你可以将这些想法作为一个引子，但是要更深地钻研它们，并且将注意力集中在一个有限的话题上。这个话题需要可获得的原始史料或者其他证据，使你可以进行深入的研究，并在指定的范围内展开写作。

即使你的导师指定了一个话题作为你文章的基础，将这个话题缩小，或者至少是使话题更加集中总是正确的。思考一下我们之前提到过的一个话题："阿尔弗雷德·克罗斯比、丹尼尔·海德瑞克和爱德华·萨义德都曾经有论著介绍过帝国主义，请写一篇十页的文章探讨他们对于现代帝国主义态度的不同。"你当然应该首先阅读这三位作者的书，并且确定每本书呈现的主题是什么。然后你需要比较这三种观点，分析它们的异同点。这些比较会让你得出一个结论，并且形成你关于帝国主义起因与影响的各种理论的不同之处的文章的一个具体的论点。

不论你的写作任务是什么，或者你最开始确定的话题是什么，总是会有很多方法来限制你的话题，要么通过缩小话题的范围，要么通过调整你的视角。一个宽泛的话题，比如说帝国主义，可以通过集中关注某一个国家的殖民野心来缩小其范围。即使是法国范围的帝国主义也可通过关注法国在加勒比或者是马提尼克岛的帝国主义来进一步限制话题。话题的地理范围通常可以同时通过时间因素来缩小。比如，你可以考虑将帝国主义限定在拿破仑战争之前，或之后。或者你可以考虑20世纪国联或联合国的发展对于法国在马提尼克进行帝国主义统治的影响。

　　为了限制话题的范围，你也可以试着改变视角。就像是我们之前所注意到的，新世纪的历史学家已经成功地探索出了更广泛的历史问题。很多年以前，关于殖民主义的研究集中在对于宏大政治和殖民统治细节的研究。你也许偶然会发现那些主要领导人的传记。但是随着历史学家们看待历史的眼光的改变，有更多的角度可以来缩小你的话题。你不仅可以问关于个人的问题，还可以问关于特定人群的问题。法国在马提尼克岛的帝国主义统治对于当地的土著居民来说有什么影响？法国在加勒比殖民地的教育政策是否提升了男性与女性的教育水平？还有很多这样的谜题会出现在你的脑海中。总之，当你思考你的话题时，让你的好奇心去帮助你打开问题之源。当然你会找到一些进一步缩小话题的方法，这样你就可以写出一篇带有新论点的有趣的文章。

　　在使文章观点更加集中的过程中，你应该记住的是，你的话题必须依据可以获得的史料。在一些情况下，你的作业会帮助你做这些。尤其是在作文考试中，你的话题会被限制在你读过或听过的，以及在课堂上讨论过的一些材料中。但通常情况下，你应该决定在完成文章之前查阅什么资料。正如你对一个话题的兴趣需要基于资料，你写文章的途径应该是基于观察哪些内容已经被写过了，哪些史料是可以获得的。你在调整与缩小话题时所遇到的挑战，同时也存在于扩展你找到的有用信息的范围上。我们鼓励学生们尽可能宽泛地搜集史料，提醒他们搜集到的史料应该远比文中使用的史料多。

3.2　做出初步检索

　　确实，因特网与万维网巨大的并且持续增长的潜能，可能是判断第一眼找到的历史谜题是否真的值得更深入研究的最简便的途径。你会很快发现数目令人震惊的网页提到了几乎所有的话题。然而，永远记住，任何一个人都能在万维网上建立起一个网页。任何一个对某位健在或已故的作家、画家、名人感兴趣的人，任何希望能够推广自己独特观点的人，都可以创建出一个网页。自然，各种盲目与狂热充斥在这个虚拟的电子环境中。如果你想要推出一个网页，声称自己被外星人绑架，并被它介绍给了外星系的亚伯拉罕·林肯，没有人可以阻止你。由于美国社会的多元化，甚至可能会有追随者告诉你他在外太空与林肯的对话。

　　21世纪，一个十分受欢迎的搜索系统就是维基百科。它创建于2001年，至2013年已经拥有超过四百万词条，这看起来是一个可以找到任何话题信息的理想之处。确实，最近一份报告表明，它是网络上最受欢迎的七大或八大网站之一。一些受到推崇的观察者认为，在很多重要的科学话题上，从维基百科上得到的信息比那些出版的百科全书更新，并且错误也更少。然而，你应该非常谨慎，不要太依赖维基百科来回答关于你历史话题的最初的问题。

　　简单浏览由拉茨罗·柯兹玛（László Kozma）创建的有趣的维基网站，就会证明我们让你谨慎的建议是正确的。[1] 在该网站你会看到，以一

---

[1] László Kozma, Wikipedia Vision (beta), http://www.lkozma.net/wpv (2008), accessed 01 July 2013; 屏幕上方的 FAQ 链接详细说明了该网站的操作方法。

幅世界地图的形式演示出的个人对英语维基词条的修改，甚至修改一旦发生就立即被纳入该地图。任何一个参与某课题的人都可以修改信息。当然了，任何对电子信息的刻意破坏都是可以被纠正的。大量的志愿者尽可能勤奋地工作来减少对维基百科恶意的修改，但有时，他们更像是一群人数不够的义勇军，英勇地抵挡一群凶猛的罪犯。在一些情况下，你可能永远也找不回那个曾经似乎对你的文章至关重要的信息了。

尽管互联网有对外界开放的问题，但你还是应该将网络作为研究的工具。很多维基百科的词条都提供意义重大的参考书目，它们可能对你的研究很有用，无论如何，你在其中找到的信息可能会使你有新的发现。其他有价值的和重要的资源也可以在网上找到，并且它们的数量还在增长。毫无疑问，为了利用网络潜力，你需要使用一个搜索引擎来从网上得到你感兴趣话题的信息。最受欢迎的，有些人认为最有效的，就是谷歌，网址是 http://www.google.com；还有最新改版的雅虎搜索引擎，网址是 http://www.yahoo.com；以及紧随其后最新发展起来的必应搜索引擎，网址为 http://www.bing.com。以上每一个搜索引擎都试图根据你所搜索词条的相关性将结果排序，一般是基于秘密的公式或算法，计算一个搜索词条与相关网页之间有多少链接。一些批评家认为，这种方法创造了一种等级制度，就是一些网站决定了其他处理同样课题的网站的受欢迎程度。

然而所有搜索引擎发挥的作用都与检索项有关。大部分搜索引擎都有进一步搜索的选项，我们鼓励你去使用它们。这会帮助你剔除掉明显不需要的信息，缩小搜索结果的范围，让它们跟你的兴趣更相关。利用你第一阶段的成果去寻找更进一步的资料。同时也可以考虑使用近义词以及解释你所研究话题的短语。不要只努力一次，或者在两三次努力过后就灰心丧气。通常情况下你都需要很多次努力，才能找到大量的资料。

把这看成历史文章写作中所需要付出的努力的一部分。

　　当你浏览最初得到的结果时，记住有些网站的管理者们可能通过付费来使自己的网址出现在其他网址的前面。有时，这些赞助的结果会被清楚地识别出来，但并不是永远都能清楚识别。并且你每次搜索的结果可能会不一样。事实上，很多在线搜索引擎的操作参数是时常变化的。这并不会削减搜索的价值，但在你经过了初级的研究阶段进行更深的探究时，这应该成为对你的警告。

　　当你进行初步检索时要记住，可靠的电子交流的出现使得你可以向很多历史学家与学者寻求帮助。网络上每时每刻都在发生着讨论，包括新建的组群、聊天室、博客，还有即时消息发送等服务。当你对你所写的话题提出问题时，有些回答可能会对你产生帮助。这些电子交流的非正式特性使其非常有吸引力，在这些交流中，人们可以思考你所提出的有关研究课题的问题。这种非正式的特性对于鼓励你在刚开始写作的阶段提问起了非常大的作用，它也可能会给你开始写一个有潜力的话题提供很好的机会。

　　其中的一些——尤其是社交网络比如推特、脸书、美图分享，还有那些在这之后层出不穷的网站——可以使我们在与志趣相投的人的交流中得到慰藉。这对于很多事情来说，都是一种很好的途径，比如组织一场抗议并且付诸实践。在 21 世纪最开始的几年，这类网站在推动政治事件的过程中产生了十分"显著"的作用，有些人认为这是"历史性"的。克瑞斯塔·辛格勒（Krista Sigler）教授认为，在当代的历史研究中，"推文"可以被看作是"一个介于口述历史与传统回忆录之间的可被检索到的交叉部分"。[1]但是这样的说法不应该使你误认为社交媒体是研究大多数话

1　Krista Sigler, "Teaching Twitter: The History of the Present," *Perspectives on History: The Newsmagazine of the American Historical Association* 49, no. 4 (April 2011): 37.

题的首选途径。这些论坛至少有两个特征削弱了它们的有用性。第一个就是一些观察者们所描述的它们本质上的表演特征。大部分信息的发出更多是为了给别人留下印象，而不是提供知识。就像很多批评家们悲叹的那样，这样的结果只是第二个趋势，即这些网站上的交流几乎成了一个回音室，各种回答被一遍又一遍地重复，却没有被仔细地思考过。

然而，那些带着兴趣去寻找历史问题答案的论坛会有更正式的讨论单，这个讨论单会包含着对特定领域感兴趣的人。在有些对所有人都开放的论坛中，所有发送到讨论单上的信息都会即时被发送到注册此论坛的邮箱里。其他的论坛则由一个或多个仲裁人或者编辑来确定信息是否适合发出。历史学家们对于很多这类管理讨论邮件清单的程序很有兴趣，尤其是那些像 H-Net 这样的有学者风度的在线的人文与社会科学学术集团。你可以在 http://www.h-net.org 找到超过一百个 H-Net 讨论话题的目录，在这里你可以获得存档之前信息的日志。虽然它们中不是所有的话题都与历史有关，但大部分确实用很广泛的历史维度思考问题。其内容从致力于世界历史的 H-World，到思考历史、查漏补缺的 H-Quilts，到关于某一州历史与地理信息与讨论的 H-Tennessee。还有很多关注其他各种类型的话题。

所有这些 H-Net 讨论网页提供了对很多话题（书、文章、证据中的谜题、当前的问题）提问的机会，所有与兴趣有关的内容，讨论组都可以提供。每一个小组都有其特定的规则，包括你加入与退出会员的方式。我们会提供一个注意事项。加入这种小组的一个潜在的危险就是，你的电子邮箱会很快被塞满，你会收到很多不想要或不需要的信息。然而，当你刚刚加入时，可以通过只接收经过筛选的每日文摘来缓解这种问题。阅读最开始收到的欢迎信息，可以找到这样做的方法。这样的小组确实会形成有价值的学术共同体，你可以通过不同的方式加入它们，不仅仅是为了开始对一个有潜力的话题的研究，也可以是关注对你今后的研究有帮助的很多记录。H-Net 讨论组比那些随意的社交媒体还有博客正式得多，然而它们依旧保持着提问与检索信息的非正式的方式。

　　虽然我们鼓励学生尽可能地使用电子途径，但让我们感到失望的是，他们经常会将这种搜索的结果作为全部的史料来源。你也应该用尽一切办法阅读印刷版的百科全书中的文章，以及其他的参考材料，以便得到关于你的话题的一个广阔的视角。如果你在很多不同的参考书上查阅同样的课题，话题的基本事实就会在你的脑海中留下印象。不要忘记，旧的参考书的价值在于它提供了在该书出版时人们对这一话题持有的普遍信念，还有一些书，比如 1911 年出版的第 11 版《大英百科全书》（*Britannica*），因为它词条的质量而闻名。你可以在图书馆的资料室找到标准的、多卷本的百科全书和单卷本的参考书，比如《新哥伦比亚百科全书》（*The New Columbia Encyclopedia*），这是我们最喜欢的资料之一。很多百科全书也有电子版，你可以在图书馆的网站或者互联网上找到它们，比如第 11 版的《大英百科全书》可以在 http://www.1911encyclopedia.org 上找到。就像维基百科一样，你会发现这是一个开始你的研究的有趣的地方。

　　找到与你研究领域十分相关的参考材料。不仅仅是艺术或音乐这种大的研究领域，历史的特殊领域，比如殖民主义，甚至是和平与制造和平的历史，也被认为是有价值的参考书。我们经常查阅的一本书就是 7 卷本的《新思想史词典》（*New Dictionary of the History of Ideas*），在这本书中你可以很容易地查到与你在历史文章中想要讨论的问题相关的信息。（原版的 5 卷本《新思想史词典》出版于 20 世纪 70 年代，现在已经绝版，可以在网上看到，网址是 http://etext.virginia.edu/DicHist/dict.html。）相似地，我们也经常会查阅《布鲁尔的短语与寓言词典》

（ *Brewer's Dictionary of Phrase and Fable* ），这本书自 1870 年后就有了多个版本（1898 年的美国版本可以在 http://www.bartleby.com/81 上看到）；还有最近由桃乐茜·奥克特（Dorothy Auchter）编辑的《历史典故与齐名之人词典》（ *Dictionary of Historical Allusions and Eponyms* ），这本书可以作为思考与书写各种历史谜题的起点。

如果你正在思考的问题与宗教有关，你应该查阅 15 卷本的《新天主教百科全书》（ *The New Catholic Encyclopedia* ），它包括了有关宗教人物与各种宗教运动的大量信息。（原版的《天主教百科全书》出版于 1915年，可以在 http://www.newadvent.org/cathen/ 上找到。）《新标准犹太百科全书》（ *The New Standard Jewish Encyclopedia* ）中提供了很多关于犹太人与犹太教的历史资料。（之前出版于 1901 到 1906 年的《犹太百科全书》可以在 http://jewishencyclopedia.com 上看到。）如果你的话题包含著名的人物，你应该从众多或广泛或专业的人物传记中查阅一本人物传记的目录。在研究英国历史时,《国家传记词典》（ *Dictionary of National Biography* ）是必不可少的。《美国人物传记词典》（ *The Dictionary of American Biography* ）比之次一些，有时甚至让人失望，但是我们还是可以从中找到与我们研究有关的重要的美国历史人物的有趣信息。很多地方的图书馆都有旧的 19 世纪与 20 世纪的地方传记百科全书，它们是不该被轻视的，虽然里面的文章都是一些溢美之词，而且似乎花了钱的人（几乎都是男性），也可能是买了这本书的人，可以将他的名字写进书中。

不要很快就放弃使用外文资料。即使你看不懂这门语言，也可以找到说明、地图，或者其他有用的材料。如果你学习了这门语言一两年时间，你会发现你能比预期更好地阅读这些文章。这个发现会吸引你更加努力地使用这门语言。这对于学历史的学生来说是一个有利的方面，并且对于更进一步的历史研究来说也是十分必要的。你找到的很多文章以及英文资料，都会在最后有一个参考书目，列出了你能找到的关于某一主题更多详细信息的作品。

历史学家们最为重要的参考资料就是有关各种或宽泛或精深的话题的参考文献，其中一些被学者们专门编撰成参考书目，另一些则被包括进书与文章之中。通常你会在图书馆的资料中发现大量的参考文献。你也可以经常使用图书馆的分类，通过寻找或添加你的检索对象的子类"参考书目"，找到其他参考资料。除此之外，也有很多有价值的一般参考书目。比如，可以确定的一点是，你可以查阅由玛丽·贝丝·诺顿（Mary Beth Norton）和帕米拉·格瑞迪（Pamela Gerardi）编辑的第3版《美国历史协会对历史文学的指导》。这两大卷书是一个宝库，它收录了世界上关于历史的方方面面的书与文章的信息。你也可以在万维网上找到专门的参考书目。一些参考书目是有注释的。也就是说，编辑给书、文章，以及其他引用资料作了简短的评论。作者可能对一些资料的评价过于严苛，对另一些则过于宽容。但是这样的一个参考书目通常包含了书与文章内容的有用信息。书中的参考书目与注释还有一个好处：它们通常体现了作者对于相关主题最经典作品的最好判断。

你可自己决定为你最初的检索寻找资料，并在需要的时候寻求帮助。我们在这本书的前一版已经提出了建议，那就是聪明的学生和教授应该学会与图书管理员讨论资料的来源。这些讨论应该超越书籍与百科全书的范围，将电子搜索技术、信息检索，以及资料评估也包括进来。很多参考资料和研究工具可以被用在各种各样的话题上，并且每年出版物在不断增加。资料室的图书管理员的职责就是熟悉它们，你可以利用他们所学到的知识（还有你的导师的知识）。听从他们对你可能用得到的参考资料提出的建议。然而，如果你询问图书管理员与你脑中某个潜在话题相关的一个又一个零散的问题，你所得到的结果不会很让人满意。在为你的研究寻求帮助之前，你还有很多能够做与应该做的。

3.3　分辨关键的史料

对一个潜在话题的初步检索越完善，你就越有可能找到用来研究你的最终话题的关键、必要的史料。通过最初的研究提炼话题之后，你将使用多种工具。很多工具都能提供信息索引，构成二手与原始的史料清单。这两种史料对于一篇优秀的历史文章来说都是很重要的。我们在第一章提到了历史学家用以区别这两种史料的基本特征。在这里，我们想要提供一些更进一步的建议，尤其关于当你完成了初步检索后，怎样找到必要的史料。

3.3.1　二手史料

二手史料源于对原始史料的分析，它对于你写历史文章来说是很重要的信息。二手史料是历史学家或其他人的作品。他们通过考察某一历史时期产生的或与那一时期相关的史料来解释历史。当你为自己的课题搜集资料时，最好首先找到这类资料。它们很多都是学术期刊或是其他历史杂志里的文章。一些期刊发表有关历史特定方面的文章，比如中世纪、军事事件、科学、艺术、女人；或者有关世界上特定地区的历史的文章，比如法国、非洲、中东、肯塔基州。其他一些期刊，比如《美国历史评论》和《世界历史期刊》(*Journal of World History*)，拥有一个和这个学科自身一样广阔的视野。仅仅浏览这类期刊一两个小时，你就可能找到与自己研究领域相关的问题。由于在历史课堂上写的论文更像杂志上的文章，而不是一本书，所以杂志为你提供了书写与思考的范例。

为了挖掘这些卷帙浩繁的二手史料，你需要掌握一个基本的工具，即各种各样的索引，它们能帮助你找到杂志和学术期刊上的文章。这种索引很多都是订购的服务，并且通常只能在图书馆使用。你应该搞清楚你的大学提供哪些索引服务。然后向资料室的图书管理员寻求帮助，找到与你研究领域有关的资料。

大部分索引在享有盛誉的《读者期刊文献阅读指南》(*Reader's Guide to Periodical Literature*)中都能找到来源，这本书自 1900 年以来就被规律地出版。最新的在线版本包括了自 1983 年以后发表的文章，而《读者指南回顾：1890—1982》(*The Readers' Guide Retrospective: 1890—1982*)在线提供了更早的时代的一些信息。《读者指南》考察的仅仅是为普通读者而设定的杂志。不要嘲笑这个意图。当你查阅《读者指南》时，虽然不能找到为历史学家而出版的专业杂志上的文章，但是你可以找到由一些重要的专家写的有趣的文章。

很多数据信息库有着更加广泛的覆盖面，包括大众杂志与学术期刊，还有一些其他类似的信息，比如美国国家公共广播电台内容的文本。但是这类资源仅仅处理 20 世纪 80 年代之后出版的资料。另一个内容广泛的数据库，ProQuest，不仅提供期刊的索引，还提供报纸和其他重要的历史资源，比如英国国会报告书的索引。因为它将很多之前独立的检索工具组合在了一起，其覆盖的深度主要取决于你检索的信息。

在一些情况下，这些电子数据库也可以帮助你找到一篇文章里的一些文本。历史学家最喜欢的是提供快速检索的 JSTOR 数据库，即学术期刊存储数据库。在这个数据库中，你可以对超过 250 个历史及其他相关领域的专业杂志进行全文检索，大多数主题都包括了近五年来的所有文章。你还可以获得你想要阅读的电子版的个人文章（这些文章通常都会以"可携式文件档案"发送，即我们通常所说的 pdf 格式；为了阅读它们，你应该在电脑、平板电脑，甚至你用来检索的手机上安装 Adobe Acrobat Reader，它在 http://www.adobe.com 上是免费的）。和很多索引一样，JSTOR 在订购了这项服务的图书馆都可以找到；目前超过 1500 家美国机构（多数是大学）订购了该服务，除此之外，全世界有接近 1300 家其他机构也订购了该服务。订购服务的机构名单可以在 http://www.jstor.org 上查询到。毫无疑问，JSTOR 是一个十分有价值的研究资源，你应该询问你的图书馆中是否有这个数据库。

一些图书馆会同时，或替代性地，订购缪斯计划（Project Muse）——一项提供各种领域的大约 300 种学术期刊的服务。这个数据库也提供全文检索。如果你的图书馆订购了这项服务，你就可以接收到经图书馆筛选过的与你的研究有关的电子版文章。缪斯计划侧重于当代的期刊文章。对于大部分纳入缪斯计划的期刊来说，也有一些过去的文章是可被获得的，至少当一个期刊首次被纳入缪斯计划中时的文章是可被获得的。但是该数据库并没有囊括所有过去的文章，不像 JSTOR 对于过去的文章有广泛的储存；比如，JSTOR 数据库中的《美国历史评论》可以一直上溯到它 19 世纪第 1 版的文章。

很多其他的电子数据库有由专家读者撰写的摘要。读这样的摘要通常可以节省你的时间，但是你应该谨慎地判断他们的摘要是否对文章的所有内容提供了清晰与完备的概述。有两种这类型的索引对于历史学家来说是很重要的。数十年来《历史文摘》（*Historical Abstracts*）每年都会出版，并且自 1981 年开始就有了电子版，这一杂志尤其对世界和欧洲研究课题有广泛的涵盖。它的纸质书、磁盘，以及现在的网络文件包含着数以千计的书籍与文章的摘要，并根据作者、专业、时期、地点形成索引。你可以浏览到几乎任何与历史课题相关的材料的摘要。《美国：历史与人生》(*America: History and life*)每年更新一次，包括了有关美国历史的文章摘要和引文，同时也是一本书评的索引。它可以追溯到1964年，和《历史文摘》一样，也是一个很棒的资源。这二者都是需要订购的服务，但是在大部分学校的图书馆都可以获得。你可以向资料室的图书管理员咨询如何在你的图书馆获取这些资源。可能你需要仔细浏览早些年成卷的索引，或者是多年以来其他的索引。不要最终被这个拖延，因为忽视这样有价值的资源对你文章的提高毫无益处，略过这一步只会使你找不到潜在的有价值的文章。

当然，文章不是你需要寻找的唯一的二手史料。将仔细查阅图书馆的资源作为一个习惯，尤其是图书馆馆藏图书与其他资料的目录。虽然图书馆使用各种类型的系统来呈现目录，但它们大部分是有共同点的。在线的目录是最为普遍的一种，通常你可以用作者名、题目、主题，或关键词来检索。记住，对于一个图书馆的目录来说，主题通常是指由美国国会图书馆创建的一系列固定的主题名。你需要准确地输入主题来成功地检索。你可以先选择一部你已经看过的作品，从这部作品的目录记录中观察有哪些标题适合你的主题。更简单的是，你可以用关键词来搜索大部分的图书馆目录，这些关键词通常是你感兴趣的名字或话题。更多情况下，你也可以通过包括或者排除掉一些特定词条，或者规定一个与你所设定的条件分毫不差的特定词条，来使你的搜索更精确。大部分目录都有一个简单的链接，该链接提供了指导你完成这种高级搜索的说明。但是搜索的结果只限于你的图书馆拥有的资料。

在一些图书馆中，可借阅的图书可能非常丰富，但其他一些图书馆的藏书可能没这么多。所以不要将你初步检索的范围局限在很容易获得的手边的史料上。可以使用WorldCat这种比较全面的资源，它是由大约9000多座图书馆与俄亥俄在线电脑图书中心所组成的全球联合馆藏目录，可以在某些大学的图书馆中获得。即使这样，你也可以通过在你的平板或手机浏览器中输入 www.worldcat.org/m/ 来获得链接，或者，你可以购买一个 Worldcat 的应用程序。另一个在网上很容易获得的资源是一个综合的线上目录，它包括了国会图书馆大约 1200 万书目的记录，你可以在 http://catalog.loc.gov 上获取。你也可以通过所在单位的图书馆或者网络，找到其他教育机构的、公共的，或专业的图书馆的馆藏书目目录，你也许可以使用它们搜索到与你的研究话题相关的信息。如果你在一家附近的图书馆寻找材料，你可能可以在那里阅读它们，甚至在一些情况下，你可以像在你的大学图书馆一样借阅。如果不能，考虑一下通过馆际互借这种方法获得其他图书馆的文章或图书。互联网让这一过程更加简易并被更广泛地使用，所以你应该问一下你附近的图书馆是否可以进行这样的馆际互借。如果你最后得到的答案是你可以在图书馆、电脑或其他设备上阅读书籍以及杂志文章的电子文件，不要感到惊奇。或者你还可以选择能用于你的研究的电子书的版本。商业化的出版商与图书销售商都在努力推广这个选项，目前不断壮大的电子书可以通过校园图书馆或者谷歌图书（http://books.google.com）或世界公共图书馆（http://www.netlibrary.net/）的链接免费获得。越来越多的书籍也可以通过便携式的设备获取。

阅读一本可能成为有价值史料的书的替代方法就是阅读这本书的书评。一篇书评可以告诉你这本书是否在重复旧的内容，是否有新的突破，是否与被广泛承认的解释相矛盾，而且它通常告诉你这本书是否可读性强，或者基本上是不能理解的。一些我们提到过的索引与数据库，包括很多可以获得的电子版，都可以帮助你找到书评。可能的话，试一试《书评摘要》（*Book Review Digest*）。它有近一个世纪以来已出版的书评的索引，并且它在线订阅的版本有自 1983 年以来出版的书籍的评论与内容摘要。在这个专业的资源中，通常在一本书首次出版一年后，你就可以用图书作者的名字来搜索这本书的书评。虽然《书评摘要》中有一些学术期刊，但通常也会有写给普通大众的书评。这类书评也可能包含关于你的潜在史料的有价值的洞见。

越来越多的网站也在提供更多在线的书评，H-Net 的（网址是 www.h-net.org/reviews）书评是十分有价值的，尤其是对于最近几年出版的书籍来说。大部分学术性的网站都与 H-Net（人文与社会科学委员会在线书评）联系紧密。而且毫不夸张地说，数以千计的书评都被存档在这个网站。可能更有意义的是，整个数据库都可以用关键词或者其他检索项来搜索。这个电子书评的存档是一个十分优秀的搜索工具。

当你阅读书评时，你会发现书评有时是言辞激烈的，呈现出了历史学家们最糟糕的一面。当然，一些书是应该被批评的，因为它们忽略了一些学术证据或者表达了关于一个课题的一面之词。更多情况下，那些失礼的评论显示出的是小气，有时甚至是嫉妒，不幸的是，通常对一个历史问题有着全新观点的历史学家可能会被那些观点守旧的历史学家们批判。对于历史学科的学习，没有什么比阅读更多的书评更好的办法了。你应该尽你所能地阅读关于同一本书的更多的书评，尤其是那些潜在的二手史料，因为不同的学者会强调同一本书的不同方面。你会时常捡起你可能漏掉的部分，然后更好地评价这本书。

除了书籍与文章之外，还有很多其他的二手史料需要你考虑，不仅仅是那些上传在网页上的相似材料。有些并不是以文字形式出现的，包括与你的研究主题相关的电影演绎。历史事件与人物从来都是电影的重要题材，这包括了想要探索真实发生的历史与通过表达对历史的观点来娱乐的想法。随着电视节目，有名的比如历史频道，还有方便获得的光盘与可下载的视频文件的增多，这些关于过去的影视版本已经成为历史的一种普遍的信息来源。它们几乎都属于二手史料，因为它们表达的是制片人所看到与解释的历史。即使是那些最好的纪录片，比如那些由肯·伯斯（Ken Burns）摄制的与美国爵士音乐、棒球、美国内战有关的电影，它们本身也并不是原始史料，而是那些有技巧的讲故事者与艺术家通过对原始材料的解读来表达的对于过去的一种观点。

很多重要的电影都有历史性的主题或话题，我们最近看到的一些例子有《林肯》和《国王的演讲》，它们都是对过去时代忠实的复述者，尽管历史学家们经常批评片中出现的众多历史细节错误。不论如何，影片都为我们提供了一个与过去的戏剧化的链接，它尤其可以满足我们将文字性的原始材料视觉化的想法。还有，它们给人们提供了图像，而这些图像会对他们如何阅读历史文章产生深远的影响。因此，与你研究问题相关的电影可以，并且应该常常成为你撰写文章参阅的材料。但要记住的一点是，你需要评估它们，不是评价它们呈现给你的方式，而是基于像评价其他史料一样的批判性原则来评价它们。

你也可能会在其他大众媒体，比如报纸与杂志上寻找二手史料。这两种出版物偶尔都会特写对于一个问题的分析，该分析可能会包括甚至完全是关于一个问题的历史背景梳理。可能因为记者们问出了相似的问题，其中的很多文章通常都能在你的历史研究中派上用场。少部分主流报纸，比如《纽约时报》和《伦敦时报》，积累了出现在它们专栏中的主题与作者的索引，它们能以微缩版本或在线版本的形式被获得，或者两种形式均能被获得。有些还有可搜索的在线数据库，尽管通常只有订购了该服务的人才能访问这些数据库。但是，一旦你找到并评估这些故事，可能会发现它们中有一些对于你所写的文章是十分重要的。

3.3.2 原始史料

当然，报纸也会包含原始史料。因为你也想要（如果可能的话）找到与你的话题相关的原始史料，报纸可能是需要查看的一个不错的资料。由直接观察事件发生的记者或其他作家写出的报道就是很好的原始史料。报纸上的材料也说明了同一个材料有时会被当成原始史料，有时会被作为二手史料，这取决于历史学家对史料的运用。比如，2003 年 4 月 8 日，当美国海军陆战队第一师侵入伊拉克的巴格达时，德克斯特·菲尔肯斯（Dexter Filkins）在《纽约时报》上发表了《温暖的欢迎与顽固的抵抗》（*Warm Welcome and Stubborn Resistance*）一文。[1] 这篇文章可能会成为研究 2003 年美国侵入伊拉克的二手史料，但它也可以成为研究加入美国国防部进行战时新闻报道的随军记者的历史的原始史料。这样理解报纸与其他的资料会帮助你区别有关你的话题的原始史料与二手史料。

由于好的历史文章必须总是提及原始史料，你应该留意可能会出现在你的文章中的人物的作品的版本。使用你所书写的人物写的材料会增加你文章的权威性。当你使用任何版本的作品全集或选集时，查看一下出版日期。有时同一个作品被出版为好几个不同的版本。这些版本可能有不同的种类。最有价值的版本是一部完整的作品，在其中所有幸存的文本都被收集进来，并做出索引，有时还有作者同时代的其他材料。不论其出现于何时，或者针对怎样的读者，版本对于确定关于你的史料有哪些不同观点是十分重要的。

寻找演讲或训诫的全集，还有出版了的日记以及通信，它们都是十分常见的。还要阅读已出版的自传（或者如果你可以得到未出版的也

---

1 Dexter Filkins, "Warm Welcome and Stubborn Resistance for Marines," *New York Times* April 8, 2003, p. A1.

可以），但要对它保持怀疑。用与对待其他资料同样的批判的历史标准来对待它：这样的解释是可靠、可信、准确的吗？它可以被证实吗？记住，当每一个人描写任何有关于自身的东西时，他们有一种想要塑造自己在子孙面前的形象的自然的欲望。自传与回忆录通常有很多的虚构成分。可以肯定的是，它们都会包含一部分真实，尽管有些比其他的更可靠。詹姆斯·费赖伊（James Frye）的回忆录《岁月如沙》（*A Million Little Pieces*）所激起的愤怒，还有他明显伪造的很多细节都引起了人们对过去不久的这些问题广泛的关注。他为自己辩护说，他的作品饱含着"情绪上的真实"，这一点被人们严厉批评。甚至当一个历史学家写作回忆录时，这也依旧是个问题，就像历史学家弗兰克·F. 马修斯（Frank F. Mathias）理解的那样。马修斯教授在《作为士兵的胡言：第二次世界大战中的随军乐手》（*GI Jive: An Army Bandsman in World War II*）中叙述了他在第二次世界大战中，作为一名年轻士兵的经历，他后来承认这本书是基于他自己的"回忆、信件，还有一些想象来构建的一幅真实画面"。[1]

也许这就是为什么大多数历史学家都很喜欢阅读这类史料。它们就像照片一样，给我们一种对过去的时代与你并不熟悉的人们的亲切感，并且，像照片一样，演讲、日记和信件多数是可以考证日期的。你可以很快地明白它属于某个特定的时代与地点，而且在事物的永恒变化中，它们好像将时光凝滞在了某一刻。训诫与演讲常常会让你感受到一个人想要构建的公众形象与想传达的信息。从另一方面来说，日记与信件集常常在一种相对没有防备的散文体中揭示人们的状态，它们评论日常生活，并且不需要带着公众的话语所特有的谨慎。日记与信件书写者的私人形象或个性，可能与演讲或其他为公众书写的作品呈现的公众形象非

1　Frank F. Mathias, "Writing a Memoir: The Involvement of Art with Craft," *The History Teacher* 19 (1986): 378.

常不同。但要记住的一点是，历史学家（而不是曾经的士兵）马修斯也提醒我们，在回忆录中，正如在照片、训诫、日记、演讲和信件中一样，"想象必须要增强事实"。[1]

通常，与某个普遍课题相关的大量资料都被搜集起来，并以一种读者容易查阅的方式出版。一个世纪以前出版的 70 卷本的《一场反抗之战：南北军队官方纪录编纂》（*The War of the Rebellion: A Compilation of the Official Records of the Union and Confederate Armies*）就是其中最具代表性的一部书，你现在可以在网站 http://digital.library.cornell.edu/m/moawar/waro.html 上找到它。原始的卷本上有索引，然而，在线版本的搜索功能使用起来很不方便。最新的 CD-ROM 版本有更好的搜索选项，并且包含附加的相关材料。这个巨大的资源几乎包括了在内战中双方军队内部传递的小纸条的抄写版，而且甚至有很多！内战期间，战争的声音太大以至于战火中的人们并不能听清彼此说的话。因此，战场上传递的书面命令比在更早期的战争中更常见，数以千计的纸条都被编辑所收集。

毫不夸张地说，我们可以再列举出上百种对你的研究有帮助的原始史料集，而且其中很多都能找到在线版本或其他电子版本。不论你的研究主题是什么，你都看看是否可以找到与自己的研究相关的文献集。当你搜索图书馆的文献目录，或者使用在线搜索引擎时，除了你的研究话题的关键词，将"史料"或"个人传记"也作为查找的检索项。这些都是在国会图书馆中找到原始史料的重要线索。浏览你找到的史料集，即使它们最初看起来与你的研究课题毫不相关，你也可能会得到惊喜。但记住要批判性地检查你找到的原始史料。

---

1 Mathias, 379.

很多大大小小的博物馆有成批的历史文物，你可能也会想将它们用作你文章的写作材料。在过去的几十年中，这类文物的数量又迅速增多。很多人已经开始研究这类物质文化，这可以帮助你理解它们与你所研究话题的关系。但就像是你想使用的所有资料一样，你需要好好评估它们。正如我们在第一章提到的黎欧那·奥斯兰德教授在她文章中的建议，你必须不仅要考虑"人类是如何与物质联系的"，还要考虑"文字、图像和事物……之间在特定历史语境中是怎样联系的"。[1] 与其让这个成为阻碍，不如将它作为拓宽你使用原始史料范围的挑战！

你可能也会发现你们学校的图书馆有档案或手稿保存馆，里面有很多未出版的信件、日记、备忘录，以及其他材料。找到它们并且看看是否有与你研究课题相关的东西。很多图书馆和档案馆现在都有口述历史集、磁带，以及有名的或普通人谈论历史以及他们参与历史事件经历的记录。有时你可以通过人们描述过去事件的语气了解到一些信息，虽然其他的采访可能只能看到文字版。或者，如果你在写朝鲜、越南，甚至可能是伊拉克与阿富汗的战争的某些方面，你可能会找到一些很愿意向你讲述这些经历的退伍军人，他们会给你那段历史的一手观点。这一点对于美国的公民权利运动、欧洲移民问题等很多有在世的目击者的事件也是一样的。

那些参与过重大历史事件或者经历过有趣时代的人们通常都很乐于谈论它们。不要害怕给这些人写信或打电话约他们进行访谈，但无论如何要尊重那些希望保持沉默的人，如果他们愿意如此的话。然而最好是当面进行采访。准备采访时，你应该仔细了解被采访者，并提前写出要问的问题。但是采访开始之后，不要拘泥于你提前预设的问题。彻底地

---

1 Auslander, 1018.

弄清每一个问题。查阅你的资料并且准备请对方澄清一些细节。如果可能的话，用手机记录下你的采访；不然的话，一定要记录下大量的笔记，使你希望记录的所有引文清晰、确定。

很多其他有关历史写作的原始史料也可以在万维网上找到，有一些在不太显眼的地方。最近有一位历史学家忏悔（如果这是个正确的字眼）他将在线拍卖网站 eBay 用于自己的研究。对美国内战中北部人民的情绪表达感兴趣的乔纳森·怀特（Jonathan White）在 eBay 卖家"企业废弃收集者"手中得到了一些有意义的研究材料。怀特通过所有数据库或互联网搜索都没有找到那些卡片、封面，以及海报，他总结说 eBay "为学者们提供了一个查阅或使用资料的独特机会，他们甚至在各种图书馆的文献目录中花上几个月也不会找到这些资料"。[1] 你可能也会发现这对于一些其他的主题也是这样。

怀特的研究方法虽然不是正规的，但它确实给我们提供了一个启示：万维网为我们储备了很多潜在的史料信息。你可能会使用我们在这一章前面提到过的互联网搜索技术找到一些史料。就像你很快就会发现的一样，很多在线的网址提供公开的原始史料（有时也有二手史料）链接，这类网址太多，就不在本书中一一提及了。但是如果你想要找到一个开始对可获得的材料进行一般研究的地方，美国国会图书馆（http://loc.gov）是你开始的好地方。你会发现一个包括手稿、印刷文献、照片，以及录音和视频记录在内的巨大的史料库。另一个可以开始的地方是文本与档案网络存档（Internet Archive of Texts and Documents），尽管它不太容易操作。通过它的源网址 http://history.hanover.edu/texts.html，你会在大量的分类中找到范围广泛的文献，以及其他优秀网站的链接。

---

1   Jonathan W. White, "An Unlikely Database: Using the Internet Creatively in Historical Research," *Perspectives: Newsmagazine of the American Historical Association* 44, no. 3 (March 2006): 53.

以上两个都是很稳定的网站，如果你在上面找到了有用的资料，你可以给它做出引注。但是我们也要提供一些警示，网站随时都在变化。不论是暂时的或是永久的，几乎任何一个优秀的网络资源都可能消失。即使是由 Wayback Machine 网站（http://archive.org/web/web.php）保存的有价值的网络文档都存在很多不完备的地方。当然每个人都知道，书也会被废弃，尤其在被完全使用之后。文档也会在例如火灾这样的灾难性的事件中，或者由于忽视而被毁坏。但是历史学家们对于网络瞬息万变的特征的感受更强一些。网络并不能成为一个好的图书馆的替代品。但也不要因此而完全放弃对互联网的使用。警惕地使用网络。充分利用搜索引擎找到潜在的资料。好好记录你找到的资料。而且要最少一次再回到那个网址来确认你将 URL 地址与其他信息书写正确。还要知道的一点是，在查找（与再次查找）网络资料时，一些问题可能并不是出在源网站，而是出在向你所使用的电脑传输信息的传输链上的某处。

当你查找原始史料时，你所找的在线资料应该证实史料包括了广阔的范围：照片、物质材料、图画、雕塑，以及建筑。利亚纳·瓦迪（Liana Vardi）在 1996 年的文章《想象早期现代欧洲的丰收》（*Imagining the Harvest in Early Modern Europe*）里思考了十六世纪之后的三个世纪中，由艺术家们所画的农民代表形象的演变。她向我们展示，耕种土地的农民逐渐从乡村风景画中消失。通过对比那一时期的画作和诗歌，她认为，城市居民与艺术家都变得害怕农民，因为他们总是起义来反抗他们困苦的生活。接着，在 18 世纪，农民们又回到了画作中，他们的形象看起来温和顺从且开心。[1]画作以黑白形式出现在文章中，作为必要的原始史料为瓦迪教授对几世纪之前的民众态度的总结提供支持。

---

[1] Liana Vardi, "Imagining the Harvest in Early Modern Europe," *The American Historical Review* 101 (1996): 1357—1397.

　　你也可能会为你的研究课题找到重要的视觉史料。但不要错误地认为所有的图像，尤其是照片，可以像你想象的那样还原事实。二十多年以前，阿兰·特拉亨特伯格（Alan Trachtenberg）就在他的文章《战争的影集：论解读内战时期照片》（*Albums of War: On Reading Civil War Photographs*）中解释过这个问题。很多关于那场战争的照片都在不断塑造着关于冲突的形象，但特拉亨特伯格认为，它们"因为与其他形式的证据一样模糊不清而受到攻击。谁做了什么、什么时候、在哪里，以及为什么，这些最简单的文献问题都是照片不能回答的"。[1] 我们对此深表同意，并且再一次鼓励你质疑所有的史料，不论是原始的还是二手的，并且要仔细评估它们。

　　但当你在考虑自己文章的原始史料时，瓦迪教授的文章同时提醒着你，不要放弃文学史料——诗作、短故事，以及小说——的可能性。它们经常能够捕捉到它们被创作出来的那个时代的趋向与语调。虽然文学性的史料有时是很难阐释的，尤其考虑到经常出现的隐喻，以及偶尔会有的作者个人的表达，但很多情况下，它与历史课题的关联是显而易见的。比如，在1899年由著名的英裔印度人拉迪亚德·吉卜林（Rudyard Kipling）所写的诗作《白人的负担》（*The White Man's Burden*）中，他明确地指向了"美国与菲律宾群岛"：

　　　　肩负起白人的包袱

　　　　派出最优秀的人们

　　　　将你们的儿子绑去流放

　　　　满足你们俘虏的需要

1　Alan Trachtenberg, "Albums of War: On Reading Civil War Photographs," *Representations* 9 (1985): 2—3.

在颤抖着的乡间荒野中

在重重的犁铧下等候

你新捕获的那些郁郁寡欢的人们

一半是恶魔，一半是小孩

肩负起白人的包袱

你们不敢卑躬屈膝

也不会高声叫喊着自由

来掩盖你们的疲惫

你们的哭泣与呜咽

你们撒手放弃或努力不懈

那些沉默着愠怒着的人们

才愿信拜你与你的神明[1]

　　如果你正在写一篇有关美国帝国主义，或一般意义上的帝国主义和殖民主义的文章，这首诗作为原始史料的价值是显而易见的。这些短小的诗行捕捉到了那个时期殖民地人民的心态（如果除此之外，别无其他的话），可以给你的文章增加一个新的维度。你平常阅读的文学性的作品，可能有些并不如吉卜林的有名，但也可以给你所写的东西增加生气。也许你需要再阅读一些东西来确保你的解释与原意相距不远。将这个工作看作在文章中使用史料之前评价史料的过程的一部分，这也是写出好文章的要求。

1　Rudyard Kipling, "The White Man's Burden," in *A Choice of Kipling's Verse*, ed. T. S. Eliot (New York: Anchor Books, 1941), 143—144. 有很多可用的版本。

3.4　总结你的研究

　　即使到了这一步，你还是没有完成写文章的准备工作。你可能会认为，历史学家们都是这样一步一步地遵循着这些步骤。但记住我们之前的建议。实际上，事情并不会进展得这么顺利。历史学家们可能会从一个话题开始，在研究过程中发现另一个话题，但开始写作时，他们又改变了想法。当他们写作时，他们会重新定义他们的话题，这时他们就会做出更多的研究。写下你的想法往往会体现出你知识的欠缺。所以回到你的研究中去填补这些空白。当你在进行研究时，你会在阅读的文献中发现对其他文献的建议。当你有了更多的经验，会发现写作是一个跳前跳后的过程，但最重要的是，它包括你开始研究直到完成写作。

　　你肯定想要找到尽可能多的潜在史料，记住要从研究一开始就记录参考文献，即使你只是在寻找潜在史料。早早开始可以为你避免很多痛苦。学生们常常在完成历史论文的最终稿时向我们询问参考文献的信息，包括关于他们话题的"那本小绿书"的书名，或其他一些他们记住的关于一个特定史料的没什么帮助的信息中所描述的参考文献。你的参考文献应该包括书籍、文章、网站、参考资料，以及你提到的其他资料的完整信息，同时也包括你推荐的进一步阅读的文献。为此，你可在你的手机或者是笔记本上记下这些信息。以前我们在历史研究时使用的索引卡片，已经被电脑程序与手机应用，例如 RefWorks、EndNote，以及 Noodle Tools 的笔记记录功能所取代。以上应用主要是学术图书馆订购的服务，还有更加普及的选择，比如 Zotero 和 Mendeley，以及最新的移动应用 Quik Cite。

　　一些电脑参考文献生成程序的好处就是一旦你输入参考文献的信息，程序就会自动为你生成参考文献。这看起来很方便，但也有它的弊端。

并不是所有的程序都支持《芝加哥手册》最新版本的写作规范，以及特拉比安参考文献和注释的引注规范。如果你正在使用包括网络材料在内的种类多样的史料，这一点是尤其重要的。考虑到文字处理程序的强大，如果你对于引用中的基本信息（比如作者、标题、地点、日期等）已经很熟悉，你可以将这些细节输入一个单独的文字处理文件中。这样你就可以获得你想要的格式的参考文献与注释。

但记住不要反被参考文献的工作耽误。将写作的工作拖延至完成关于这一课题的所有可能的研究时才开始是灾难性的。很多历史学家开始写作之前，就在他们给自己提出的再读一本书或一篇文章的要求面前倒下了。这就是弗瑞德里克·杰克逊·特纳（Frederick Jackson Turner）的命运，在他提出著名的美国史"边疆理论"之后，他被人们期望写出很多著作。他与出版商签订了很多合同，高兴地接受了预期版税的预付款，作为教工微薄收入的补充。遗憾的是，他仅仅创作了一本预期中的书。

尽管他计划在学术期刊上发表一些文章，但他最终承认，"我讨厌写作"，当很多书的最后完成期限都过去时，"完成这些任务对我来说几乎是不可能的了"。然而，他陷入对很多课题的研究之中。他对它们中的许多课题都做了大量的笔记，同时也搜集了很多他觉得有趣的美国史话题的资料。他承认说："我进行了很多有趣的探索，迷失之后又找回，并且告诉我的同伴。"[1] 他喜欢非正式的谈话与学术讨论，以及大量的通信，并思考着各种各样的话题，但特纳实际上似乎并不能完成他所应许的那些书目。

特纳在实际的、按要求的写作中的困难说明了我们关于写作的一个基本信念：有时候，你只需要安下心来并开始写作！虽然基本的好奇心可能会使你意识到研究是不可能完备的，但有时你需要总结过程中的各

---

1 Quoted in Richard Hofstadter, *The Progressive Historians* (New York: Knopf, 1968), 115—117; 霍夫施塔特提供了关于特纳在完成他的写作计划时的困难的更全面的解释。

个方面。不论你的研究有多吸引人以及令人满意，如果一个历史学家要完成写作的话，他（她）必须鼓起勇气。使用下面的自查清单来帮助你在查找对你的文章有用的信息时不会走偏：

□ 查找文献的作者自查清单

□ 我的话题是否被清楚地限定了？

□ 我是否广泛地查找了与话题相关的所有可获得的资料？

□ 我所使用的检索词条是否是仔细挑选与精炼过的？

□ 我是否使用了所有我可以获得的检索工具？

□ 我是否在我的二手史料的引注中寻找其他可以获得的史料？

□ 我找到了哪些关于我话题的原始史料？

□ 我的参考文献是否能够反映出所有可以获得的史料？

□ 我有没有对所有史料提出问题、做出评估？

□ 我是否做了足够的训练，使我写作中得到研究结果的过程是合理的？

第四章

笔记与草稿

读完这一章后，你将学会：

- 为课程或你的研究记有用的笔记；

- 在笔记中将引用与你自己的观点分开；

- 系统化地组织你的写作；

- 在你写作与修改稿件的过程中，遵守
  写作原则；

- 练习同学之间互相评论文章。

虽然每一个受人尊敬的历史学家都知道在完成历史文章之前搜集资料的重要性，大部分也都知道尽早开始写作过程的重要性。实际上，这是实践的一种形式。钢琴家在钢琴表演之前会做手指训练，棒球运动员在开始一场比赛之前会做击球运动，这些活动帮助他们为真正的比赛热身。相似的练习会帮助你准备写作。保持这样一种写作的观点，也会让你避免受害于一些普遍的、经常发生的有关写作的谬论。

其中一个谬论就是，作者充满了灵感，真正的作者能不费吹灰之力地写出文章、书或报告。另一个谬论就是如果你需要打草稿，你就不是一个好的作者。还有一个就是，如果你已经竭尽全力写出你想说的，写出二稿甚至三稿也并不会有很大提升。我们自身可以证明，在实践中，以上没有一个是正确的。虽然每一个作者都有不同的写作方法，但没有人能很快或很容易地写作。所有的写作，如果想要很好地完成，都是困难的。

比如，很少有作者可以不修改就写好文章。几乎任何学科的好作者都一致认为，写作是困难的，他们必须要改好几稿才能满意。"我几乎所有的写作都会打三遍草稿，"有名的美国历史学家理查德·霍夫施塔特（Richard Hofstadter）承认，"我修正了以前的很多想法。"[1] 确实，作品阅读起来越容易，对于作家来说，写作就越难。你的最终稿必须清楚地表达自己的想法。但要达到那一步，你可能要打很多遍草稿。写作的过程，

1　Quoted in David S. Brown, *Richard Hofstadter: An Intellectual Biography* (Chicago: University of Chicago Press, 2007), 120.

即做笔记、重新阅读以及重新修改，使你的思想更加清晰，并且加强了你的观点。经过这个过程之后，你就写出了一篇不会被持某种坚定观点的首位读者所击倒的文章。

没有经验的作者通常会认为，一位技术高超的作者会先完成所有的研究再开始写作。我们可能无意识地加深了这样的观点，因为我们常常在写作，即实际地写下文字之前深入地讨论我们的研究。这可能会是这些观点的有用的部分，但我们想要强调在写出最终成果的过程中，研究与写作之间不间断的紧密联系。大部分有经验的作者都发现，不论他们在开始写作之前有多了解一个研究课题，写作都会让他们遇到新的问题和麻烦，给他们新的指引，使他们寻找更多的资料来追寻这些新的指引，并且最终得出与他们之前完全不同的结论。对于有经验的作者来说，写作是在一个跳前跳后的过程之中进行，最重要的是，它牵扯到尽早开始写作并且持续进行直到论文完成为止。

4.1　记录信息与想法

如果你在这个过程之中早早开始写作，那么改写的巨大价值就更显而易见了。当你在一个讲座或者讨论中记笔记时，仔细地听一些重要的概念，注意那些重复的短语、列举出的清单，以及出现在作品中的术语。给表述精炼的核心思想标上引号，但你不需要记下每一个单词。相反，你需要总是努力关注最重要的东西。下课后试着总结出你所听到的，并加深你对重要概念的理解。写下有关于听到的信息的任何问题。很多导师会接受提问——在后面的课程里或者个人咨询时——他们会试着帮助你更清楚地理解他们想要让你知道的东西。记下那些答案！同时要试着对重要的观点做出概括，这个过程会促使你回过头去更新笔记里的某些部分。它可能也会帮助你对刚刚听到的知识形成更深的观点。这个积极的记笔记的过程对于你准备考试用处很大，尤其是当你准备论文考试时。这样的写作习惯也会为你将来的历史研究形成一个宝贵的话题库。

在你自己的阅读与研究中记笔记是更容易的。当你阅读的时候，你可以回头再读一遍，关注那些你一开始并不清楚的东西。分辨那些主要观点，把它们和支撑性的论点、辅助性的证据分开。格外小心地给那些你想要记住的直接陈述加上引号，但要将它们保持在最少的范围内。试着用你的话总结。比如，仔细阅读从悉尼·敏兹（Sidney Mintz）写的颇获好评的书《甜蜜与权力：糖在现代历史的地位》（*Sweetness and Power: The Place of Sugar in Modern History*）中节选的一小段：

当糖在1100年左右首次被引进欧洲时，它和胡椒、肉豆蔻、肉豆蔻种衣、生姜、豆蔻干籽、香菜、良姜（与生姜类似）、藏红花等香料被归为一类。它们大部分都是稀有且昂贵的热带（或异域）舶来品，由那些能够买得起它们的人少量消费。在现代社会，糖并不是一种"香料的味道"，而是作为所有味道（"甜苦参半"里的苦、"酸甜"里的酸、"辣香肠"与"甜香肠"里的辣）的相反味道，所以如今很难把糖作为一种调味料或香料。但是在大部分北欧人知道它之前的很长一段时间里，糖都被作为药物与香料在东地中海、埃及，以及北非大批出售。糖的药理价值已经被那一时期的医生们（包括从印度到西班牙的伊斯兰世界中被伊斯兰化的犹太人、波斯人，和景教徒们）牢固地建立起来了，并且通过阿拉伯的药理学缓慢进入欧洲的医药实践。

糖作为一种香料，至少从十字军东征开始就被西欧的权贵阶层视若珍宝。"香料"在这里的意思是"有香味的蔬菜"，引用韦伯斯特的定义："用于烹调时给食物调味以及制作酱料、泡菜等。"我们习惯了不将糖作为香料，而是想到"糖与香料"。这种思维习惯证实了糖的用途与意义的重大改变、糖与香料关系的改变，以及自1100年以来糖在西方食物体系中位置的变化。[1]

以下是读过这段文字之后一位同学所记的笔记：

——糖在1100年被引进欧洲，和香料（稀有且昂贵的热带舶来品）归为一类，由那些能够买得起它们的人少量消费

——现在糖并不是一种"香料的味道"，而是相较于其他味道的味道（"甜苦参半""酸甜""辣香肠"与"甜香肠"）

——在欧洲人知道糖之前，糖被作为药物与香料在东地中海、埃及，以及北非出售

——医生（从印度到西班牙的伊斯兰世界中被伊斯兰化的犹太人、波斯人，和景教徒们）将糖用作药物，通过阿拉伯的药理学缓慢进入欧洲的医药实践

——从十字军东征开始，糖作为一种香料被欧洲权贵阶层视若珍宝

——韦伯斯特词典定义："香料""有香味的蔬菜，用于烹调时给食物调味以及制作酱料、泡菜等"

——我们不将糖作为香料，而是想到"糖与香料"

——展示了糖的用途与意义的重大改变、糖与香料关系的改变，以及自从1100年以来糖在西方食物体系中位置的变化

1　Sidney W. Mintz, *Sweetness and Power: The Place of Sugar in World History* (New York: Viking, 1985), 79—80.

　　然而这些笔记的价值十分有限。它大概是原文摘录五分之三的长度，并且仅仅是文中内容的顺序罗列，记笔记的同学似乎并没有认真思考阅读的内容。此外，这些笔记经常直接重复原文中的词和短语，有时这些词和短语的组合会和原文的顺序相同或相似，但是却并没有引号。在准备论文时使用这种笔记会使你很轻易地陷入抄袭之中，这对于作者来说是不可原谅的罪恶。如果你试着阅读原文段落，总结它的主要观点，同时用引号在笔记中标明那些可能会出现在你的文章中的关键引文，就会好很多。现在，思考下面在阅读以及重读敏兹教授的书的相同段落后做的笔记：

敏兹，《甜蜜》，第 79—80 页

　　糖在很长一段时间之内被伊斯兰土地上的穆斯林医生、犹太医生，以及景教徒医生们看作药材，十字军东征（十一世纪）之后，在欧洲作为一种香料而出名，并被看作很有价值的东西。这对于现代人来说是很难理解的："我们习惯了不将糖作为香料，而是想到'糖与香料'。"（80 页）对于糖的观点的改变也体现在它成为其他味道的相反味道："甜苦参半"和"酸甜"。

　　注意这第二份笔记是怎样同时捕捉事件的历史顺序以及原文的主要思想的。它同样用缩写的引注清楚地标明了所有信息的来源，并且特别地给出了引文部分的精确参考资料。一开始就像这样记笔记会让你的写作过程早早开始。像这样记笔记也会给你在历史课堂上读指定文章带来很大帮助，不仅仅对论文考试，还会为演讲与课堂讨论做更好的准备。

　　当你阅读关于你文章话题的背景信息，以及之后的具体史料时，你理所应当记录下史料来源信息，包括网络资料的 URL 地址以及书或文章的页码。当你需要某个资料时，史料来源信息会帮助你再一次找到它。记录关于你所读的书的问题，就像在课堂上记笔记一样。（我们经常会在自己书的边缘草草书写一些笔记和问题。但永远永远不要在一本图书馆的书或借来的书上乱画！）现在有很多种记笔记的方法。多年来，学生与学者们用笔记卡或笔记本记笔记，每个研究主题分开记录。我们中一个人目前还有为写博士论文而准备的十箱笔记卡！然而最近几年，我们越来越依赖于使用我们的电脑做笔记与写作。我们也鼓励你这样做，甚至也鼓励你在移动电子设备上利用一些应用程序完成研究。

尽管你可以使用几乎任何文字处理程序来完成这个任务，但还有很多专门的笔记记录程序供你考虑。比如有些图书馆拥有的 RefWorks 或者 EndNote，最初就是被设计来收集书目信息的。相似的 NoodleTools 也可以记笔记，但很清楚的是，书目信息主导着它的教学信息。一个新的移动应用程序 Quick Cite（不要与 Noodle Tools 里的一个同名的运作程序相混淆）也允许你扫描书中的条形码，并给你的邮箱发送完整的引用信息。可能最好用且最易获得的研究数据程序是免费公开的资源 Zotero（网址是 http://www.zotero.org），或者商业程序 Mendeley（网址是 http://www.mendeley.com）。你可以在波特兰州立大学图书馆网站（http://guides.library.pdx.edu/managecitations）找到一个十分有用的比较这二者的视频，以及一些用户指南文件。还有一些新的廉价且可获得的 APP，用于将书的条形码扫描进 Zotero（IPhone 或扫描仪用户可以在 http://elearning.unifr.ch/bibup/tuto/ 下载，安卓用户可以在 http://play.goole.com/store/apps/details?id=org.ale.scanner.zotero 下载）。并且毫无疑问的是，同时为这两个程序设计的其他 APP 马上就会出现。一些其他的主要体现协作功能的记笔记的程序（比如 Debrief 和 OneNote）和商业应用程序或者由多位作者共同进行的研究项目更匹配。

　　不论你使用一个专业的记笔记程序或数据库，还是仅仅使用普通的文字处理程序，当你在工作尤其是在完成每个研究或写作片段时，记得保存你的笔记，不管它有多短。一些程序会自动生成备份文件，但我们还是建议你重新保存。利用电子媒介提供的简单方法帮助你保存文件。用你的电脑或其他移动设备保存几份备份文件，并且保存一些其他形式的备份文件。因为只要我们还在写作与教学，几乎每年都会听到学生与同事们令人灰心的经历，他们因为这种或那种原因丢失了所有的研究成果，并因此备受折磨。我们并不想和他们一样！比如，在准备这本书的每一个版本时，我们单独保存了每一章的备份，每一份备份也有至少四份备份——在我们的电脑硬盘驱动器、光盘、U盘以及"云"存储网站上，还有纸质版。你也应该这样，甚至是对潜在话题的初步调查，还有不断进展的更加细致的研究都应如此。

　　不论你选择哪种方式，主要是你应该在刚开始研究时就记笔记。问自己问题。当它们在你的脑中还鲜活时，记下一些可能或可信的答案。记下重要的短语。记下你的史料中不一致的地方。关注一位历史学家注意到而另一位历史学家忽略的东西。记下你自己对于两位历史学家以及材料的观点。即使在你研究的初步阶段，重要的观点可能也会闪进你的脑海。在你的移动设备或者电脑上记录下它们，用更进一步的研究验证它们。你接下来的研究可能会证明你的一些第一印象是很重要的！

　　不论你手写笔记，在电脑上用文字处理器或其他的笔记记录程序来记录，或者把它们输入你的手机或平板，遵循五个原则会让你记出好的笔记。这样做会在整体上节省你的时间，让你避免犯一些写作的错误。以下是对这些原则的审视，并有一些潘妮·松内保（Penny Sonnenburg）在写一篇关于天定命运的文章时所记的笔记作为例子。

4.1.1　记录不断扩充的参考文献

　　就像是我们在上一章所建议的那样，你应该在研究一开始并始终保持在笔记中记录参考文献。注意包括进你所参考的记录在一个单独的条目中的每一条资料信息的重要元素。每一个记录都应该包括以下内容：作者（以及编辑和／或译者的姓名）；题目（或多个题目，比如在一本书或杂志里的一篇文章）；你找到这条信息的地方（包括出版商和出版书的地点，如果是网络资源的话，还有 URL 地址，以及卷数与页数［如果有的话］）；还有出版的日期和（或）链接。当你开始的时候，对于笔记与参考文献来说，不用准确地遵循《芝加哥手册》或特拉比安的写作规范。但重要的一点是，你记录下了所有重要的细节。比如，你可以参考：

Adams, Ephraim Douglass. *The Power of Ideals in American History*. AMS Press, New York, 1969.

　　当你用一种一般的参考文献或者其他引用的格式写作时，这个信息是需要被重组的，但对于任何记笔记的工作来说，这第一个原则是十分清楚的：一定要记录你从哪里得到了这个信息。

　　如果当你在最开始使用资料时记录下了所有参考文献的细节，之后，你可以在你的笔记中只提到作者和一个缩写的书名，以及页码（和卷数）。如果你正在使用亚当斯（Adams）的《美国历史上理想的力量》（*The Power of Ideals in American History*）作为资料研究天定命运的起源，就像是在附录 A 中潘妮·松内保的文章那样，你也可以（像她一样）写道 "Adams, Ideals, 67"（Ideals 是书目名称缩写，67 是页码）。由于你必须要在写作时准确地提供资料来源，你在记笔记时也必须要做到这一点。

在做研究时，如果你仔细记录史料来源，会为自己省去很多担心。

4.1.2　仔细筛选关键词

记笔记的第二个重要的原则包括筛选合适的关键词并在你的笔记中使用他们。读过了弗雷德理克·默克（Frederick Merk）的《天定命运与美国历史的任务》（*Manifest Destiny and Mission in American History*）之后，你可能想要对作者的论文整体做一些专门的笔记，就像是松内保女士这样：

默克，《天定命运》，[论文] **国家主义**

扩张

作了世界范围内的比较后，作者认为在美国被称为"天定命运"的领土扩张是美国国家主义的重要部分。

之后，通过在你的文字处理程序或记笔记程序上使用搜索或查找功能找到这些关键词，即使是在一个巨大的里面存有很多笔记的文件里，你也可以找到你搜集的关于某课题的所有参考资料。很多这样的程序也可以让你将笔记移动到你写文章的电子文件中；只需从你的笔记文件中复制文本，接着打开你文章的文件，将信息粘贴上去。当你将笔记输入一个电脑文件时，确定标出了清楚的位置信息[有可能是在方括号内]，尤其是网址信息或页码。对于一些网站来说，你必须要清楚标出所找到资料准确完整的 URL 信息，还有用来寻找特殊信息的检索词条。

4.1.3 避免复制引文

记好笔记的第三个关键原则是避免在你的笔记中复制直接的引文。写下甚至是复制引文是需要时间的，而且在抄写的过程中很容易出现错误。如果你能通过概括或释义训练你的思维，而不仅仅是复制一段直接的引文，你可以节省时间，有时还会创作出你自己的优秀作品。你也许会想要复印或者扫描与你的研究相关的页面，尤其是如果你在写文章前必须要归还书籍。但请留心：不要将所有的备份与你其他的研究储存在同一个文件或文件夹中！相反，应该在资料的主题给你的印象还深刻时记住它并用笔记记录下来。从一开始就用你自己的语言记录自己的思想是十分有价值的。当你开始写文章时，它会帮助你打开思维，并将你置于如何呈现信息的很多可能性之中。在释义的时候要尤其注意：不要陷入拷贝原文的境地中，即只对原文进行一些单词的微小的改动，或者是用同一个结构表达观点。

当你阅读亚当斯的《美国历史上理想的力量》时，你可以做一个像松内保女士这样总结作者观点的笔记：

亚当斯,《理想》, [67]　　　　　　　　　　　　　　　　　　**来源**

提供了理解天定命运真实起源的背景知识，且不仅仅是在美国历史中。

注意另一个分开的标题——"来源"。这对于你使用笔记卡或者在一本单独的笔记本的边缘记笔记是十分有帮助的。你也可以将这样的标题作为关键词，在电脑所做的笔记中找到有关你课题特殊方面的材料。当你开始撰写完整的文章时，如果必要的话你可以回到原始史料（或者你的复印件）中找到更多的细节，并且准确地引用。

4.1.4　将所有的引文分开

如果你确实找到了一些对你的研究很重要的直接引文，记住第四个记笔记的原则：在复制直接引文时要特别留心。总是在你的笔记中为直接引文加上引号可以避免后续的很多麻烦。在你第一次记下一段引文之后，立即检查它的准确性。当你第一眼看到史料，再到纸上、电脑上或移动数码设备上时，你的眼睛和手可能会出现失误。你可以在引用旁边用对号或者星号（＊）来提醒自己在记下它之后你已经检查过它的准确性了。

下面是松内保女士所做的另一个有关天定命运的笔记，包括一个直接引用。它来自另一份讨论这一观念的历史起源的资料：

巴克，《传统》，[312]　　　　　　　　　　　　　　**自然法／命运**

＊ 这一宏大且有些宽泛的表述"成了人类文明的一种传统，从斯多葛学派的老师们到 1776 年的美国独立战争，再到 1789 年的法国大革命"。

注意她在笔记中是怎样运用 ＊ 来标示出引用的。这个特殊的引用似乎是关于自然法的一个恰当的解释——虽然这些文字本身反映着半个多世纪以前的历史写作——而不是一个探讨天定命运本身的直接引用。试着将这些问题考虑进去，少量地在你的文章与笔记中使用直接引用。

4.1.5　记录下你的想法

养成在阅读与记笔记时写下自己的评论与观点的习惯。这是记笔记的最后一个重要原则。评论要求你思考所读到的内容，让你成为一个积极的而不是被动的读者。但是请确定在笔记中区分开你自己的想法和直接引用或对史料的总结。不论使用卡片、笔记本，还是电脑，我们通常会将一个箭头（→）放在自己的想法之前。这个箭头让我们知道这个想法是我们自己的。如果你不注意区分史料的想法与你自己的想法，可能会因为抄袭而被谴责，这是一个十分严重的问题，很少有作者能够轻易从中解脱。

下面就是松内保女士记录的自己关于天定命运起源的想法，就像我们所建议的那样，她清楚地标出了这是自己的想法：

选民

→ 对于天定命运的信念似乎是美国独有的特征，但对其他国家及它们"选民"概念更深层的研究让我们相信，天定命运概念的出现不仅仅早于美国历史，甚至在有些情况下也早于美国国家的形成。

这样的笔记的目的就是使你阅读的时候保持思维活跃。此外，要注意一个话题标题的内涵，它会带你回到你自己的想法，以及你笔记中关于同一话题的不同信息。这样的练习也会帮助你在自己的文章中形成自己的观点。当你开始研究时，以及在这个过程中，都应该多次查看这个清单作为提醒：

□ 记笔记的作者自查清单

□ 当我在课堂上或者阅读指定文章时有没有练习记笔记？

□ 我是否给每一条史料都记录了详细的参考文献信息？

□ 我是否在我的笔记中认真记录了所有合适的关键词？

□ 我在我的笔记中是否限制了直接引用的数量？

□ 我是否用自己的语言概括或解释了我所找到的信息？

□ 我在记录任何直接引用时，有没有格外留意？

□ 我有没有在证据中寻找模式（甚至是出乎预料的）？

□ 我自己的观点是不是关于这个课题的笔记的一部分？

4.2　组织你自己的文章

在笔记中同时记录信息与观念——包括你自己的观念——可以帮助你开始思考如何组织自己的文章。花一些时间改进你的课题、搜集参考文献、做基础阅读，以及记笔记，你会对自己的知识更加自信。你可能会超越百科全书与其他参考资料上那些平淡且有局限的解释，而且你可能会开始看与你研究课题相关的专业书籍与论文，还有原始史料。在这个过程中你可能会问问题，可能在研究中注意到了模式或者重复的观点，在笔记中把它们记录下来。并且你也应该记录下一些自己的观点。通过这些方式，你记笔记的过程应该帮助你找到了研究课题的有趣方法。

有时，一个模式来自于对一个研究课题持续的回应。比如，天定命运的观点十分流行，在美国之外的国家被普遍地使用。哪些国家也在广泛地使用这个概念？天定命运的观点最早可以追溯到什么时候？和松内保女士一样，你可能已经下定决心要写一篇关于天定命运的文章了。如果幸运的话，你可以马上想到一个主题集中且有限的研究课题，一篇你可以在 10 ~ 15 页完成的文章。然而，你可能并不能很好地限制你的题目。试着列出与天定命运有关的有趣的话题或问题。持续这个工作直到你得出一些可用的结论。她以下的笔记阐明了为得到有趣且在时间空间上都可以进行的研究题目而进行的努力。

"天定命运及其在世界历史上的重要性"

——太过模糊。研究分题太多，没有集中性。

"天定命运及其在欧洲历史上的影响"

——这是一个集中一些的选题，但依然包含了很多内容。

——欧洲历史的跨度太大，难以全尽于这种篇幅的论文中。

"天定命运：美国的扩张梦"

——选题狭窄，没有意识到选题的动机，忽视了它起源的真正问题。

对于最后一个选题来说，可能是想要从天定命运看美国扩张的意识形态。接着，你就需要像松内保女士一样问问题了：我是否想写一篇有关于美国扩张的各个阶段的文章？这个选题是否忽略了天定命运对于世界的影响？我的初步研究是否更多地针对全球概览？本质上来说，我想通过这篇文章证明什么？关于天定命运的其他历史解释是什么？当你问这些问题时，回顾你的研究笔记，看看你是否可以找出一个文章模式？逐渐地，一个观点出现了，你将它加进了潜在话题清单。

"天定命运：每个国家的需要"

——证据广泛，但依旧选题狭窄。

——在报纸文章中有相当多的原始史料信息，网络资料都提供翻译的材料。

现在你有了一个起始点，一个暂时的题目。但记住，在此阶段你可以改变一切，你的改变可以是翻天覆地的。当你使用它的时候，这个暂时的题目可以给你的工作提供方向。这样的方向感会让你工作得更快并且更有效率，因为它会帮助你组织你的思维，并且使你能评估你所找到的信息以便更好地使用它。如果你想把研究做得很好，就不可以使用你笔记本里搜集的所有信息。一个好的作品是从大量的知识中写出来的。一个暂时的题目会成为大脑中的一个过滤器。它会帮助你留下能够组织你文章的东西，并且放走那些对支持你的论点无用的信息。

一旦你得出了一个暂时的题目，重新关注你的阅读。如果你计划写天定命运的起源，将自己的阅读限制在历史学家关于这个概念的解释以及这个概念背后的哲学著作上。你可能对天定命运十分感兴趣，以至于决定继续寻找更多关于美国历史上这一思想的实践的信息，来为美国占领墨西哥岛甚至更南的地方作辩解。很好！但当你正在写作这篇文章时，把你阅读的范围局限在帮助你达成写作目标的信息上。遵循这个原则可以帮助你避免上一章提到的困扰著名的历史学家弗瑞德里克·杰克逊·特纳的问题！我们也鼓励你至少写出一个帮助你组织你的想法与证据的简要大纲。

一些作者坐下就开始在键盘上敲文字，并没有任何怎样逐步完成论证的清晰想法。其他人则在担心所写大纲的细节问题——罗马数字、大小、大纲里的每一个论点或分论点的位置等——正如早先他们在学校里可能被教授的那样。但这两种方式都会让你从主要任务中分神。这样，你想要写出一个大纲的目标将会成为你写作道路上的另一个难以克服的障碍。

相反地，你要将注意力集中在组织自己的想法上。大多数人发现，在写出一个草稿之前先形成自己的想法是很有效的。在我们的写作中确实如此。我们也建议你这样做，即使是在写短文章或者论文考试文章之前。你至少可以列出你想要涵盖的观点——一个比详细的大纲更加有灵活性的清单。

这种对于结构的需要很久以来都被看作是历史写作的基石。半个多世纪以前，美国文化历史学家狄克逊·韦克特（Dixon Wecter）称赞了仔细组织的优点，他注意到历史学家们"结构上的天赋，不仅仅是将细节堆在一起，并将之像沉闷的雪球一样投向读者，而是产生出可以带着乐趣阅读的作品"。但是他对于组织良好的文章的赞扬带着一个警示，那就是"结构应该是简洁与坚固的，不应在它本身的骨架之外再加入骨骼"[1]。你应该将在脑海中带着这样一个目标来完成论文归功于读者们。组织你文章的关键思想，这样它们的联系就会显而易见，而不仅仅是一个连续罗列的话题清单。

当你开始罗列你的主要观点时，让你的直觉指引你找到一些其他的可能更好的组织形式。一旦你开始写作，不要害怕去改变文章的大纲。但不论你觉得自己对大纲看得有多清楚，一定要写出一个完整的草稿。写作可能会改变你的观点。做好准备进入思维和证据的冒险中。记住，

1　Dixon Wecter, "How to Write History," in *A Sense of History: The Best Writing from the Pages of "American Heritage"* (New York: ibooks, 2003), 43; 韦克特的文章最初名为《历史以及如何写它》（"History and How to Write It"），1957 年 8 月出现在《美国遗产杂志》（*American Heritage magazine*）中。

你要将读者带入一次旅程，而不是费劲地写出一篇由关联不大的事实与信息组成的看似文章的东西。你可以先建构出一个粗略的大纲，正如松内保女士为她关于天定命运起源的文章写出的大纲一样：

论点：约翰·奥沙利文 (John O'Sullivan) 关于天定命运的评论使人们相信，它是在对德克萨斯并入美国的争论如火如荼时，将席卷美国的扩张运动合理化的美国概念。在美国之前的其他国家在它们自己的扩张运动中也采用了这个概念。

1. 约翰·奥沙利文的评论本身支持美国公民是选民的观点

2. 对自然法与自然权利观点的说明与解释，及其与天定命运的关系

3. 早期历史学家关于用相似的观点来巩固民族主义的重要性的观点

4. 盎格鲁－撒克逊的天定命运对民族生存的必要性的观点

5. 全球范围的类比

6. 美国早期国家的先例（直到 1840 年）

7. "天定命运"概念的流行，19 世纪 40 年代

8. 延伸到了海权与太平洋盆地

像她这样简洁的大纲避免了用于标题与次标题的大量不必要的数字与字母。如果你需要的话，可以增加一些次标题，但你也可能不需要它们。确定你思维的顺序是最重要且有效率的。做出一个这样的大纲之后，你可以更加自信地写出第一份草稿。这样，你也许会想要写出一篇从全球视角来分析天定命运的文章。你也许会解释这个概念的起源，描述一下它的发音与用法，介绍一些其他与之相关的概念，解释为什么试着忽

视该课题的局限性是很重要的。在此过程中，你会介绍谁写了关于这些概念的文章。接着，你就可以开始写你全文的草稿了。

潘妮·松内保在写她的文章时，也经过了这样一个步骤：在写草稿之前，先记笔记，以及组织自己的思想。在附录 A 可以看到她最终的文章，试着看她是怎样像我们描述的那样从事她的工作的。当然，她这篇历史论文最初的成果也不会像我们所讲的那样，写得仔细且系统化。你的文章成果也许也不会这样。但使用笔记、示意图、"故事板"等会帮助你改进最后的成果。而且我们要再三强调的是，这样做是需要练习的。你会从不断的尝试中受益！

4.3 写作与修改草稿

每次进行这个步骤时，你都应该留给自己足够的时间写几份草稿。如果你在要交论文的前一天开始写，熬了一整夜去完成初稿，来不及再修改一下就交了，这对你和你的导师都是不公平的。你可能会通过，但你不会为你的文章感到骄傲，你的导师也可能会对你的论文感到厌倦。一位焦头烂额的老师，坐上好几个小时，批阅班上每一个人的论文（是的，我们确实是这样！），他值得你认真地对待。

我们的意思并不是说，你在交论文之前应该避免通宵熬夜写作。很多作者发现，他们在完成最终稿之前会持续工作很多个小时，并且会有肾上腺素的飙升，他们通宵写论文是因为他们为自己的作品感到兴奋，觉得不能离开。从我们自己的写作经历来看，我们十分理解这种感觉。彻夜敲击着我们黄色的平板或者键盘，拂晓时刻的第一束光伴着鸟鸣声打破寂静，我们都曾经经历过，而且我们很喜欢这样。那样的夜晚在我们努力工作了很长时间，甚至几年后才会出现，那时候我们感觉自己掌握着自己所做的一切，并且想要一直干到头。

但是没有作者可以等到最后一分钟才开始写，一气呵成来完成一部好的作品。约束你自己。如果你难于开始你的写作，努力去写一小段时间，即使只有 10 ~ 15 分钟。然后停止，查阅一下你的笔记，休息一会。尽快地回来，重读一遍你所写的。通常情况下，阅读自己的作品可以激发出你更深层的想法与写作！虽然你刚开始时不会进展得太快，但不要灰心。睡过一晚之后再开始。写初稿最重要的任务其实就是开始写。在纸上或者你的电脑上写出一个开头、正文与结尾。刚开始的时候多写一些。如果你被要求写 15 页，将你的初稿篇幅保持在 20 页。整合搜集的信息。你可能使用少量挑选过的引文。思考你所描述的。问自己关于论文的一些问题：何人？何事？何时？何地？何以如此？还有怎么样？并尝试着去回答。

当你从笔记和大纲到写一篇文章的初稿，使用文字处理器时一定要注意。尤其是复制粘贴功能能十分轻松地将一段文字从一个文件（或者网页）移动到另一个文件。把大段资料粘贴到笔记中，再粘贴到文章中是一个很大的诱惑。因此，我们的建议是，如果你的笔记中确实有引用，一定要留心。不这样做的话会导致你将复制的内容直接用到文章中。而且如果你粗心的话，你会因为抄袭而内疚。记住：避免这样的错误是你的责任。

当你完成了初稿，你会感到一种极大的放松。一项未完成的作业比完成了的更可怕，即使你只完成了初稿。这时你就知道在哪些地方应该写什么，对于文章的主要问题也有了看法。你知道文中的哪些不足需要你做更深层的研究。你可以看到你结论的哪些部分是确定的，哪些是不稳固的。你知道了全篇文章的中心观点，这个限制性的论点解决或者阐明了你从史料中发现的一些谜题。现在你可以修改自己的文章，把初稿中那些多余的字词与句子去掉。

自古以来作家们就会修改文章，甚至在初稿上做记号。很多19、20世纪著名作家的手稿就展现了这样的修改：成段地删掉，加上其他内容，或在边缘写上新的文字，直到手稿已经很难辨认。接着他们需要在一张新的纸上重新开始！但不论有多乱，他们保存下的原稿可使他们回头看看最初的成果。[1]

当然，电脑的文字处理程序将这个过程变得更加简单。但通常情况下，最初的灵感消失了，它们在屏幕上被清除，并被新的版本所取代。我们发现这是写作中的一个特别的问题，并已经开始保存多种版本的电子稿件了。有时我们在电脑上打开一个新窗口，单独处理一个麻烦的段落。接着我们把它保存为一个单独的文件，这样我们就可以回头再看它。现代电子设备有强大的存储功能，我们可以保存很多这类文件，但是给每一个文件起名字时要小心。很感激的是电脑有保存每个文件的日期与时间，因此我们可以（如果必要的话）重新构建我们思想的次序。我们相信电子写作工具的潜力（不仅仅是在互联网上可以快速获得信息）标志着电子时代对于历史学家们最大的贡献。

一些作者更喜欢将初稿打印出来，然后用钢笔或铅笔修改，再敲进电脑里的稿子中。其他人则习惯于直接在电脑上修改。你应该使用这种方法，或者将适合你的多种方法相结合。记住，最重要的是带着一种自我批判的眼光来阅读自己的作品。通过一遍又一遍地阅读，你会培养出一种良好的修改的感觉。请确定你考虑或者再度考虑了你在这个过程中

---

1 在最近的《今日心理学》（*Psychology Today*）博文中有几个重要的例子；Jonathan Gottschall, "Crappy First Drafts of Great Books," 27 March 2012, http://www.psychologytoday.com/blog/the-storytelling-animal/201203/crappy-first-drafts-great-books, accessed 11 July 2013.

使用过的方法。当你阅读的时候，问自己与写好历史文章的五个基本原则（我们已经在第一章讨论过了）有关的问题：

1. 我的文章是否紧紧聚焦于一个有限的主题？
2. 它是否有一个表述清楚的论点？
3. 它是否一步一步地建立在经仔细证实的史据上？
4. 它是否可以反映出我自己不带偏见的观点？
5. 写文章的时候心中是否有一位预期的读者？

当然，再问你自己一遍，这篇文章是否能代表我自己原创的作品？

当你阅读稿子时，好好考虑这些问题。大声读出来也是一个好的方法。你可以找出文章中需要修改的部分，因为在你朗读的过程中，这些地方会让你觉得拗口。带着表情抑扬顿挫地朗读可以帮助你找到你会误解或困惑的地方。你可能想要尽可能地利用电子文字处理程序来修改与提高你的作品。但不论怎样先进的处理程序，都需要你实际掌握它的使用方法。很多大学都采用了专门的文字处理程序，并且通常会提供一些使用它们的技术帮助。好好利用这些帮助。这样做表明你想要提升你的写作能力，而不是忽视它。最新版本的文字处理程序通常包含很有用的帮助菜单或实用工具。你也要好好利用它们来学习程序是怎样运转的，以及更新对于不常使用的功能的认识。

在开始写作之前，你不必掌握所有的功能。但最少应该知道怎样使用黑体字与斜体字、设置页边距、改变字体、插入特殊符号（比如 £、¥、€ 等货币符号）、加入页码，还有插入脚注与尾注。非常感激的是，文字处理程序可以让我们把脚注改为尾注，再改回脚注。当你开始使用了一种格式，后来发现你的导师要求你使用另一种格式时，你也可以这样修改。然而我们发现，偶尔自动格式的脚注（比尾注更甚）会将引注放在一个十分尴尬的位置上。你可能需要自己手动地去改变文本的行数来调节引注的位置。如果没有人帮助你掌握这些技能，试一试程序的帮助功能、在线指导网站，或者你们学校的电脑帮助服务。你所花费的时间会回报给你一篇预期中的优秀文章。

我们已经了解到电脑与文字处理程序对于修改文章的极大好处。不仅仅是移动文本，纠正错误也比用打字机、纸、橡皮、修改液的时代容易多了。通常，更新的程序可以帮助我们自动或半自动完成这些。但是我们还是要提醒你在使用这些功能的时候要小心。通常这些程序被设计为将这些改变降到最少，即使有所更改也是作者输入的。同样地，一些程序或者 APP 会自动生成参考文献索引。但是在使用它们之前，需要你仔细检查。记住：你对于最终出现在你文章中的所有东西都负有责任。所以你要确定的是，所有这些改变都反映了你想说的。如果你可以单独设置某项自动修改功能，那就这样做。否则，你可能会希望关闭所有的自动修改功能。在任何情况下，在你将文章交给老师之前，一定要重读一遍文章，并仔细修改。

我们所使用的文字处理程序（还有你们使用的），对于检查拼写是十分有价值的，但这种检查只限于存储于该程序的单词。如果你可以给拼写检查程序增加单词，不论采取什么办法一定要做到。这样的话，一些与你研究课题相关的专业术语就不会被标成拼写错误。但在你输入这些单词的时候一定要小心。确定你所保存的术语就是你想要使用的。我们总是在屏幕上阅读我们所写的东西，研究由程序标出来的每一个错误。我们也督促你这样做。大多数情况下，我们改正了那些由电脑所标示出的错误。但我们知道，在电脑二进制的逻辑之下，一些错误是不能被标示出来的。比如，你参考一个找到了有价值的资料的 sight（译者：此处应为网址 site，作者故意写成景象 sight），它不会被拼写检查出来，但这样的话，你的老师会奇怪你为什么要往窗外找资料，而不是在网站（site）上。还有很多其他这样的例子。

其他文字处理程序的创新可能对于你的写作没这么有用。其中，语法检查就是有用同时又让人迷惑的功能之一。当我们将一个单词从单数变为复数，但忘了修改与之相应的动词时，程序通常会标出这样的错误，我们也意识到了它。但是有的时候一整个短语都被标示出有问题，但在仔细检查后，它看起来正是我们想要写的并且容易读懂的东西。文字处理程序上的同义词词库通常只提供有限的同义词选择，所以我们建议你使用受人尊崇的在线《罗热同义词词典》（*Roget's Thesaurus*），它最先出版于 1852 年，可以在网站 http://education.yahoo.com/reference/thesaurus 上获取。到目前为止，最不受欢迎的是自动概括功能，因为它很少能够达到它承诺的"摘要"级别。我们从来不使用这一功能，如果有要求的话，我们更喜欢自己概括所写的东西，我们敦促你们最好也这样。

在重读过我们的文章并在电脑屏幕上修改过之后，我们打印出手稿，用铅笔或者钢笔仔细审查一遍，再将最终修正与修改的部分输入电脑之中。你可能也会考虑到这一步骤。但是首先，你必须要多次查阅你的文章。专业的作者也会让其他人阅读自己的作品，并提出意见。从朋友那里得到帮助——就像我们为本书的每一个版本得到的帮助一样。不要直接问他们"你觉得我的文章怎么样？"他们一定会告诉你文章写得很好。而是应该问他们，"你觉得我的这篇文章在说什么？"有的时候你会被得到的答案震惊，这样你就对修改文章有了想法。同样可以问他们，应该怎样改进文章使得你想要表达的观点更加清晰。

你们可能采用了互相点评的方法，就是学生们互相评论文章。你的大学可能也支持这样的协作，你的导师也会鼓励甚至要求你这样做。如果没有的话，你可能也希望能够成立一个这样的写作俱乐部，你们可以互相帮助修改你们的文章。最近文字处理程序新加的一些功能也可以促进同伴们之间相互修改或类似的过程。有时这被称为"追踪修订"，这些功能允许一些人阅读文件，做出建议性的删除、插入和评论，每个人都使用不同的颜色。

作为作者来说，你可能想要邀请一些朋友用电脑阅读你的文章，并做出一些电子的评论。如果他们一个接一个地修改，每个人都增添新的建议，你就可以回到一个有着各种评论与想法的文章中，来修改它。大部分这样的程序都会允许你选择接受或拒绝这样的改动，以及将对它们的决定纳入你最终的文件中。这种互助写作与修改的过程确实需要时间来适应，但是它有轻易将评论集中起来以及纳入你最终稿的优点。我们极度鼓励你们互相点评文章，作为一个使互相点评的过程更为容易的方法，我们也鼓励你探索这个文字处理程序的功能。

有很多对于互相点评的过程的解释与指导，并且很多在网上可以看到。我们学生发现的其中一个有用的资源就是《吉尔福德写作指南》（"Guilford Writing Manual"），它是几年前由杰夫·杰斯科教授为吉尔福德大学的学生们写的，并且最近几年做了修改，可以在网站 http://library.guilford.edu/peer-editing 上查询到。除此之外，本章最后"互相点评的作者自查清单"的十个问题也可以给你提供很好的途径。

如果你在修改过程中利用这个方法，记住，它的目的是互相帮助，而不是去证明你比作者对写作或研究课题知道得更多。在修改过程中批判的眼光不仅仅是做出批评！就像是杰斯科教授所警告的那样：

记住互相点评的主要目的就是让作者做出有效的修改。仅仅是表扬并没有多大的帮助，如果只有表扬，它体现了评论者并没有投入足够多的精力，也并没有深入思考文章的影响与文章可能的提升途径。

　　不管怎么说，评论的语气应该是积极的。不要仅仅指出什么是错误的。还要指出作者做得对的地方：这样作者就知道如何去继续……

　　我们共同的目标就是我们都有所提升，还有……就是培养出一种面对我们所从事的活动的积极态度。[1]

你也会发现，帮助其他人修改他们的文章可以提升你重新阅读与修改自己文章的能力。

对于大部分作者来说，修改稿子的过程会持续到最后一分钟。写作与修改稿子可以帮助你更加清楚地集中在你作品的所有部分上。它可以帮助你看清你的思想、研究、你实际上的知识、你的表达，以及想法的呈现。很多情况下，当你写作或者改写你的文章时，你会意识到你的思想是无力的，或者你会突然想到以前从来没想到的相反的论点。接着你可以在修改时好好考虑这些相反的观点。一遍一遍地阅读你的作品以及采用其他人的评价可以帮助你追踪自己的思想，以保证它是连贯的、不会因为断层而阻止读者们进行你想要他们进行的思考。

最后，我们还是要鼓励你在写作的任何阶段——从最初的调查、对一个特定的话题的研究、准备文章的草稿，到对文章最终稿的审阅——一定要做好备份工作。经常有学生脸色苍白地来到我们的办公室，告诉我们他们丢失、清除或者毁坏了存储着他们文章的唯一一块磁盘。虽然我们确实很同情他们，并陪他们一起悲伤，但是我们却无能为力。记住：努力不丢失你的劳动成果是你的责任！

1　Jeff Jeske, "Peer Editing," in *Guilford Writing Manual*, http://library.guilford.edu/two-types-of-feedback/, accessed 11 July 2013.

□ **互相点评的作者自查清单**

□ 这篇文章是否紧扣主题，并处理了所有重要的议题？

□ 文章的目的与主题是否清晰？

□ 文中史料的使用是否有效，引注是否完整清晰？

□ 文风是否一致？

□ 文中作者的观点是否清楚，是否不带偏见地表达出来？

□ 文章的写作是否清楚，避免了不必要的重复？

□ 文中用词是否合适，避免了陈词滥调与冗词冗句？

□ 文章组织得是否清楚，是否可以使读者跟上文中的论点？

□ 结论是否跟开头有着某种形式的呼应？

□ 这篇文章最大的优点是什么？

第五章

特色与风格

读完这一章后，你将学会：

- 认识并使用历史写作的四种主要模式；

- 培养简单直接地书写的技能；

- 留意单词形式与标点；

- 将你的写作修改为口头报告。

每个历史学家都提供一种通向过去的特殊途径。当然，每个作者的表达模式与书写形式都不一样。一些历史学家的写作是生动且富有戏剧性的，其他人则满足于平淡的叙述。同样，即使考虑相同或相似的问题，每一个历史学家都会发展出不同的论点（将事实与观察结合起来构成一篇文章的中心主题）。你的导师会希望你形成一个主题（Thesis，来自于一个意为"确定"的希腊词），一个可以贯穿全文的主要观点。你的主题就是主要论点，也是你写这篇文章的原因，你想要其他人相信的观点。为了使你的论点可信，你需要展示出支撑你观点的证据。但是我们需要给出一个基本的警告：仅仅是事实与具体信息的罗列并不能组成一篇文章，也不会形成一个论点。

出色的历史学家芭芭拉·塔奇曼（Barbara Tuchman）十分清楚"事实"对于历史学家的诱惑：

> 提供出一系列未经消化的事实，姓名没有确认，地点没有定位，这对于读者来说是没有用的，只体现了作者的懒惰，或者只是在炫耀自己读过的书。剔除掉不必要的东西需要勇气与额外的工作……历史学家会持续被一些细枝末节欺骗与吸引。但是写作的艺术（艺术家的考验）就是抵制住那些欺骗，坚守住主题。[1]

1　Barbara Tuchman, "In Search of History," in *Practicing History* (New York: Bellentine Books, 1982), 18. 这实际上是塔奇曼 1963 年在拉德克利夫学院做的演讲。

仅仅有事实本身是不够的。它们必须被仔细地甄选，通过一个好的方式串联起来，以支持一个你希望他人相信的清晰的论点。这个论点会是你文章的主题，但仅仅清楚地将它陈述出来是不够的。你还必须通过寻找到合适的写作方式（一个作者的"特色"）来使你的读者相信你所陈述的证据，并接受你的论点。在此过程中，你应该在写作中使用一些方法，有时也称作模式。最常被历史学家们用来支持他们论点的写作模式是叙述、描述、说明，和说服。

5.1   写作的模式

当你学习以下模式时，记住在写作历史文章时，从发展主题的意义上说，论点是一切写作模式的基础。你可以在一篇文章中使用所有的写作模式，当然我们在写作中也这样。虽然它们经常会重叠，但这四种写作模式是不同的，而且通常一种写作模式会在一篇文章或一本书中占主导地位。当你写一篇文章时，试着决定哪一种写作模式能最好地提升你的论点。如果你清楚哪种模式最合适，那么你给自己以及读者都减轻了负担。

5.1.1   叙述

如果没有了叙述，历史学就会一片死寂。历史学的叙述告诉我们发生了什么，通常按照历史事件发生的顺序，一个事件接着另一个事件来讲述。好的历史叙述看起来很好写，因为它是很容易读的。实际上，讲故事是一门复杂的艺术。叙述的艺术关键在于写什么、不写什么、相信什么以及拒绝什么。叙述必须要考虑到证据之间的矛盾，你要解决它们或者承认它们是不能被解决的。

　　一个好的叙述一定是通过构建一种紧张情势开始的，这是一个在后期叙述的发展中会逐渐解决的问题。这样的开头引起了读者的好奇心。它介绍了紧张情势中的因素，余下的文章就会详细叙述与解决文章开头的紧张情势涉及的问题。如果你并不打算在文章的后面提到某个材料，在文章的开始就不要引入它。一个叙述应该有它的高潮部分，该部分包含了作者想要读者从故事中得到的信息。在故事的高潮部分，所有东西都融合到一起，文章前面的问题得到解决或解释。因为它集合了所有的线索来得出作者的观点，你的读者会觉得你兑现了许在前面的承诺。通常故事的高潮接近故事的结尾。如果你不能在你的叙述中找到高潮，你就需要重新组织你的故事了。故事应该逐渐去掉一些不必要的细节。在讲述一个故事时，最好使用短小精悍的引文，以及有限的例子，这样就可以清楚地阐明事件，并且易于达到你想要的结论。

　　下面叙述的是阿杜瓦战役，它于1896年发生在埃塞俄比亚皇帝孟尼利克（Menilek）的军队与意大利军队之间，在这场战役中意大利计划将埃塞俄比亚纳入非洲东北部殖民地范围。哈罗德·G.马库斯（Harold G. Marcus）很少提到细节，甚至在使用引用时十分吝啬。他将意大利指挥官奥莱斯特·巴拉蒂里（Oreste Baratieri）将军的作战计划作为开头，建立起读者对于结果的期望。接着，他叙述了战争是怎样实际展开的。

　　　　将军和他的8 463名意大利士兵，以及10 749名厄立特里亚士兵（当地非洲人）在阿迪格拉特与埃德加汉默斯之间建立高地。巴拉蒂里准备以智取胜，他的敌人由于有限的物资供给不得不朝南方撤退，这也允许巴拉蒂里宣称自己的胜利，并向提格雷省深入……

　　　　在2月28日晚上9点，为了突击孟尼利克的军队，意大利士兵向控制着埃塞俄比亚营队的三个小山丘紧急进发。为了保护左翼，巴拉蒂里将他的预备役派到附近第4座无名山丘，但是埃塞俄比亚的向导，不知是迷路还是蓄意，将意大利士兵们带迷路了。这不仅仅使得左翼暴露无遗，而且使1/4的意大利军队都失去了战斗力。因此，即使巴拉蒂里的军队占领了制高点，并且在正面的山坡上展开了强大的防御攻势，这场战役也是注定要失败的。确实，为了突袭，意大利军队攻击的时机选择在星期天早晨，是完全错误的。

在3月1日的凌晨4点，孟尼利克、皇后泰图，以及大臣们（皇帝的下属，政治与军事首领）正在做弥撒。东正教教堂的弥撒一般进行得很早。然而这是一个悲伤的时刻，因为食物供给的状况已经迫使皇帝命令兵营在3月2日撤退。当很多信使与情报员不断跑来向皇帝报告敌人正大规模地袭来时，他一定感到极大的释然。皇帝命令士兵们武装起来。当士兵们排好队，神父走过他们，听他们的祷告，宽宥他们的罪过，并送出祝福。当皇帝出现时，绿橙红的埃塞俄比亚国旗展开，士兵们呼唤着。在凌晨5点30分，孟尼利克100 000人的军队进发，去抵御意大利14 500人的军队。

到了早晨9点，结果十分明显。他们已经发现了巴拉蒂里防御的漏洞，意大利的主力军被击溃，其他的残部被埃塞俄比亚军队包抄了侧面。午时，当撤退的号角响起，意大利军队损失惨重。巴拉蒂里的军队有4 000欧洲人与2 000厄立特里亚人死亡，1 428人受伤，1 800人被埃塞俄比亚俘虏。总的来说，意大利军队损失了7成军力，这对于一支现代军队来说是一场灾难。

对比明显的是，孟尼利克的军队死亡4 000～7 000人，大概10 000人受伤，这算是可以接受的低损失率。意大利军队被摧毁了，然而埃塞俄比亚军队依旧存在，他们用被丢弃在战场上的武器与物资装备了自己。毫无疑问，胜利属于埃塞俄比亚。

　　在讲述这场皇帝的遭遇时，马库斯首先提出了一个问题，接着讲述了故事，最终得出未曾预期的结论。虽然还有很多其他关于阿杜瓦战役的史料，包括意大利官方的记录、信件，以及士兵的日记，更不用说从战争的亲历者那里得到的口述史料，马库斯十分明智地选择了不让自己的叙述充满太多这种潜在的没有直接关联的信息。他仅仅使用了足够多的增加了他叙述的可靠性的证据——主要是参加战争的士兵人数，以及阵亡人数。因此，你愿意相信作者之后做出的论断：孟尼利克在阿杜瓦战役中的胜利"保障了埃塞俄比亚下一代的独立；在帝国主义殖民的世界秩序之下，它给了埃塞俄比亚一个类似于阿富汗、波斯、日本，和泰国的例外地位"。[1] 而且你可以看到，他对于这场战争的叙述是怎样支持他在文中的论点的。

　　当然，在你的研究中，你可能也会参考一些出版的（可能在你的大学中还会有未出版的档案资料）信件集，以及杂志和论文。它们给你的研究提供了同样的机会，让你可以写出其他关于过去的故事的叙述。不仅战争，还有个人人生，以及关于他们生存环境的解释等，都是你的历史文章的有趣主题。

5.1.2　描述

　　就像叙述有时表现出的直白一样，描述表现的是一种感官的体验——事物看起来、摸起来、尝起来、听起来，以及闻起来怎么样——就像是

1　Harold G. Marcus, *A History of Ethiopia*, updated ed. (Berkeley: University of California Press, 2002), 98—100.

印象派对于态度与行为的描述。流行的历史包括了生动的描述，你也可以在文章中特意为学生或学者类的读者描述重要的人物与地点。无论对一段历史时期内无限的事实知道多少，每个人都会有与过去的人们相同或者相似的感官体验。因此，描述可以燃起读者的想象力，吸引他们进入你所要讲的故事里。史景迁（Jonathon Spence）在其研究中国 17 世纪乡村人生存状况的著作《王氏之死》中，就是这样开始的。

> 1668 年 7 月 25 日，郯城县发生了地震。傍晚，月亮刚刚升起，除了不知从什么地方发出的一阵可怕的轰鸣声往西北方向而去外，一点预告也没有。城镇里的房屋开始晃动，树木先是有节奏地摇摆，然后是更厉害地甩来甩去，树梢都快碰到了地上。接着一阵剧烈的震动使整片的城墙和炮台、县衙门、寺庙以及几千座私人住房全都倒塌下来。街道和房屋地下开了很大的裂口，水从地下喷射出来，高达二十多英尺，水流冲下道路，淹没了沟渠。那些站着的人感到他们的脚好像踩的是旋转而失去了控制的圆石头，并摔倒在地上。
>
> 地震如同来时的那样突然走了，大地静止下来。水退了，地上留着边缘带着泥沙的裂缝。建筑物倒塌的地方尽是重重叠叠的瓦砾，看上去像是巨大的台阶。[1]

所有这些关于地震的描述都会激起有过类似经历以及从电视上看到过相关图片与震后场景的人的共鸣。这些生动的描述都像是让你穿越到了四个世纪之前的中国东部。通过这样清晰且令人信服的描述来介绍自己的研究成果，史景迁教授已经让你准备好了相信他研究的一个与你之

---

1 Jonathon D. Spence, *The Death of Woman Wang* (New York: Viking Press, 1978), 1—2.

前所见所闻都不同的社会中的人物生活。你也可以通过仔细描写来收到同样的效果。但是在你描述时，千万不要捏造事实。虽然很多读者都会被历史写作中的奇幻描写所吸引，但历史学家们则会有理由地觉得那是廉价与不真诚的。

5.1.3　说明

与描述事件细节或感官体验不同，说明主要是解释与分析——哲学观点、事件的起因、决定的意义、参与者的动机、一个组织的工作，以及一个政治党派的意识形态。任何时候当你开始解释原因与影响，或者一个事件与思想的意义，你就在使用说明的写作模式。当然，说明的写作模式可以与很多其他写作模式共同存在于一篇文章之中。告诉读者发生了什么的叙述者经常也会花精力去说明为什么发生，这就进入了说明性的写作。一些历史学文章在叙述与说明两者之间均衡分配，会同时讲述发生了什么以及为什么发生，解释故事的意义。许多历史论文主要采取的是说明模式，特别是那些细分与分析文本或事件，以告诉读者文本意义的论文——甚至当作者叙述何事发生时就已经离不开说明。

说明性写作的一个重要类别（尤其在大学课程中）就是史学史，有时被称为"历史的历史"。它对于学生们理解历史学家们在思考一个话题和它的推论时所使用的证据与论据有很大的帮助。学生们经常会被要求写这类文章，我们发现很多学生都觉得这个练习是困难的。可能是因为他们更喜欢抓住事实，在这样的文章中，有时会不可避免地将观点本身也作为事实。但是你不应该害怕这样的练习。如果你可以将它仅仅作为另一种历史分析方式，它不会像你想象的那么难。

在各种各样的历史学期刊上，有很多关于历史编纂文章的例子，你应该找出它们，并让自己熟悉这种一般的历史写作方式。很多文章都包含着细节性的分析，无法在短小的摘要中有效地将其阐明。但是下面选自大卫·布里昂·戴维斯（David Brion Davis）一篇文章的选段会为怎样写史学史提供一些启示：

在过去的三十年之中，我们对于美国奴隶制的理解已经通过……大量细致与持久的比较性研究而得到了极大的丰富。我们会特别考虑卡尔·德格勒（Carl Degler）将巴西的奴隶制和种族关系与美国相比较的研究；乔治·M.弗雷德里克森（George M. Fredrickson）关于白人至上论还有它在美国与南非的影响的两卷书；以及彼得·科尔钦（Peter Kolchin）对美国奴隶制与俄国农奴制的比较分析，这一项目极大地扩展与充实了他之后对于1619到1877年美国奴隶制的研究。此外，也需要提到更专业化的研究，比如希勒·戴维斯·鲍曼（Shearer Davis Bowman）关于美国种植园主与普鲁士容克贵族的研究、尤金·D.吉诺维斯（Eugene D. Genovese）和迈克尔·克拉通（Michael Craton）关于奴隶起义的研究，以及理查德·S.唐恩（Richard S. Dunn）关于弗吉尼亚与牙买加两种种植园的研究。比较研究方法很可能会成为相同点与不同点的机械罗列，但是很显然如果对家庭佣工、工匠奴隶，和在城市从事制造业的奴隶这些具体的研究对象进行更多的比较研究是卓有成效的。彼得·科尔钦坦诚地指出了比较史学中存在的严重问题，这些问题也解释了这类研究数量少的原因。然而我认为，比较史学作品的渐进的优势可以在具有全球史观的历史学家那里得到体现，比如托马斯·霍尔特（Thomas Holt）关于牙买加问题的作品、丽贝卡·斯科特（Rebecca Scott）关于巴西与古巴问题的作品、弗雷德理克·库珀（Frederick Cooper）关于东非的作品、西摩尔·德雷舍（Seymour

Drescher）关于英国的废奴主义与其他问题的作品，更不用说无处不在的经济历史学家斯坦利·L. 恩格曼（Stanley L. Engerman），他关于不同形式的非自由劳动的研究在视野上十分广阔。

但是谨慎而言，经验性的比较是必不可少的，尤其是当警告我们一些问题的重要性时，比如奴隶社会的人口与性别比例、奴隶社区之间的不同，还有与缺席的种植园主形成对比的居民的社会影响。很多最近的研究也强调了"大图景"（组成大西洋奴隶贸易体系的相互关系，还有种族奴隶制在西方现代社会的演变中的位置）的重要性。[1]

当然，戴维斯给我们提供了一个将奴隶制写进史学史的出色案例。他提到的文章对于一个查找关于奴隶制的历史文章的学生来说都是很容易找到的，他对文章的分类对于任何仔细的读者来说都是很容易分辨的。戴维斯教授持续思考与他的论文"更大视野下的奴隶制度"主题相关的其他作品，而他也对提及的超过 20 本作品与文章进行了比较与分析。之后的成果是一篇思考周密的史学史论文，而且并未超过我们所熟知的许多大学生的阅读水平。通过仔细的研究、深入的阅读，和认真的分析，你也可以写成一篇相似的关于历史学家们在过去是怎样写奴隶制，或者几乎任意其他课题的说明文。

5.1.4　说服

除了呈现细节与分析，历史学家还会在写作中使用说服的方法。在一个话题中选择立场，当话题重要且证据可以被阐述时，这类文章会十

1　David Brion Davis, "*AHR Forum*: Looking at Slavery from Broader Perspectives," *The American Historical Review* 105 (2000): 453—454; 我们删掉了戴维斯教授的脚注，这些脚注中包括了他提到的很多作品的完整引注。

分有趣。在重要的历史问题上，你会发现历史学家们的分歧。这些意见的分歧很有价值，因为它们不鼓励在对其他意见的排斥中变得刻板，并且这些争论可能实际上鼓励现在人们的包容。它们也帮助读者们从不同角度看待史料。这类分歧在书评上经常可以看到。一位不同意其他人观点的历史学家可能会为某本被评论家认为错误的书进行辩驳。雅各·布克哈特（Jacob Burckhardt）出版于 1860 年的《意大利文艺复兴时期的文化》（*Civilization of the Renaissance in Italy*），激起了极大范围的回应：书评、文章，甚至是书籍都在说服读者们布克哈特关于文艺复兴的论述是正确或是错误的，或者论述他是部分正确部分错误的。弗瑞德理克·杰克逊·特纳关于国界在美国历史上的作用的文章，也引发了类似的争论。

当然，当你在文章中确立了主题，你也会用说服的写作方式去让读者接受你的论点。简洁地并且尽早地在文章中陈述你的论点，紧接着指出文章的重点和你会用到的证据。当你为了说服读者而做出一个必要的论断时，一定要提供一些例子作为证据。在一个一般的陈述后面加上一段引文或具体的参考资料，读者就有了相信你的理由。在下面关于一战时期法国女人志愿医护工作的例子中，历史学家玛格丽特·H. 达罗（Margaret H. Darrow）说服读者接受了一开始看似矛盾的问题。一些关于战争的神话中认为它"充满着荣耀、勇气、英雄主义、自我牺牲，和男子气概"。护理伤者与死者的护士们不仅仅被神话的力量捕获，而且也被她们看到的现实捕获。她们很难使这两者一致。达罗陈述了她对此问题的看法：

很少有回忆录可以解决高尚的痛苦和英雄主义的牺牲这种华丽说辞与肮脏、疼痛、害怕以及疲倦的现实之间的张力，大部分回忆录都是从一种模式转化到另一种，不去进行任何调和。比如，诺艾尔·罗杰描述一病房里严重受伤的士兵时，宣称"他们每一个人都有一段光荣的经历"。她接着描述了一名士兵在手术台上痛苦的惨叫声，一名破伤风患者极度的恐惧，以及伤员因弹震症引起的幻听。然而，她的意图并不坚定，她似乎没有意识到——或者不能表达出来——这些都不是光荣的经历。[1]

这是一个标准的历史写作模式，不论什么时候都请遵循它。达罗教授首先做出了一个一般的陈述，接着，她给出了一段引文以及对证据的概括。读者很可能会被她的论点说服，因为她提供了具体的证据。你也可以在你的文章中这样做。

如果你承认你的论述中有缺陷，你将会更有说服力。如果你承认你论述中不够有说服力的地方，公平对待反面的论述，并给出反对它们的理由，读者会对你的判断力有信心。你可能会承认有些证据对你的论点不利。但你接下来可能会解释，这条证据并不如支持你论点的证据重要或可信。或者你可以争辩对你论点不利的证据被误读了。总之就是通篇都要坚守住自己的论点。没有经验的作者有时会将他们知道的所有东西都写进文章中，就像是煲汤一样，放的食材越多越好。你应该采纳芭芭拉·塔奇曼在本章开始所给的建议，不要"被一些细枝末节欺骗与吸引"，这些细枝末节与你的主题关联很少。抓住你的主题。相信你的读者。还有就是相信你自己。用最少的文字达到最好的效果。这样，你的文章会更有说服力。

1　Margaret H. Darrow, "French Volunteer Nursing and the Myth of War Experience in World War Ⅰ", *The American Historical Review* 101 (1996): 100.

5.2　简单直接的描写

当你开始写作时，想想这四种表达方式会使你的写作任务更明晰。然后你可以更精确地定义写一篇文章的原因，计划你的研究，并且组织你的内容。心中存有这些写作方式也可以帮助你表达自己的观点，提升自己写作的风格。我们赞同由备受尊敬的美国历史学家雅克·巴尊（Jacques Barzun）写作的《简单与直接》（*Simple and Direct*）这本书的书名所浓缩的关于写作的建议。当然，写作不是永远都那么简单。在历史学家之中，写作惯例是很重要的，虽然它们不是法律或严格的规则，而仅仅是习惯性的做法。如果你没有遵守惯例，你就要承担不被认真对待的风险。

在寻找自己的写作语态时，为了找到一个稳定的写作风格，你可能会被"就像我们说话一样写作"的建议所诱惑，"这是荒唐的"，就像巴尊清楚所写的那样：

> 大多数话语都不是清楚且直接的，而是模糊、笨拙、混乱和冗长的。最后一种错误出现在将对话录音转写为文字稿时，这就是为什么我们说"使之成为写作"。建议我们像说话一样写作的前提是我们可以说得特别好。这意味着好的写作不应该听起来沉闷、夸张、华而不实，完全不像是我们自己的语气，而是要"简单直接"。[1]

当你修改文章时，你可以更容易地达到这个目的。除了要仔细阅读你的文章这个明智的建议，你甚至可以大声朗读来确保你写出了你所想

1　Jacques Barzun, *Simple & Direct: A Rhetoric for Writers* (New York: Harper & Row, 1975), 12—13. Emphasis in original.

的，还有一些关键点在你准备初稿时就应该牢记在心。遵循这些基本的写作惯例会帮助你形成独特的语态与个人写作风格，这会让你与你的读者很受用。

5.2.1 写出连贯的段落

段落就是在一个中心思想的指引下组合在一起的数个句子，它使文章更有可读性。段落的分割打破了文章的单调。它们帮助读者更容易地跟上文章，展现出上一段话题的转变，宣称下一段会有一个能概括成一个简单陈述的思想。一个好的惯例就是每一张打印出的手稿都有一两个首行缩进的段落。这只是一个惯例，而不是要求。对于历史写作来说，避免常见于新闻写作中的一两句成一自然段的情况也是很好的。

所有的段落都建立在第一句话的基础上，段落中后面的句子都应该自然地从它那里流溢出来。虽然段落的形式是灵活的，但大多数可读性强的段落都会有连接词，有时是一个在下文中会重复的词语。这些连接词将你的句子连接在一起，也将你的思想连接起来。你可以通过检验段落中的每一个句子是否都有一个连接词，并且通过连接词与前面的句子直到段落中第一个句子思想上的连接，来判断段落的关联性。同样的重复模式使整篇文章连接起来。每一个句子既重复上一个句子的一些东西——一个词、一个同义词，或一个观点——又在读者已经掌握的信息的基础上再增加一些新的信息。

即使在罗伯特·C. 珀斯特（Robert C. Post）的这个简短的段落中，你也可以看到使用连接词的一种方式：

纽约人对交通工具的革新有很大的热情，实际上美国第一个火车头就是在纽约的西点军校制造厂生产的。但是纽约人刚刚庆祝了打通西部内陆的伊尔运河的运营。因此，对于铁路的热情在那些内陆未打通的城市是十分高涨的，包括波士顿、查理斯顿，尤其是有着80 000人口的第三大城市巴尔的摩。因为所有这些城市都没有像伊尔运河这样看似可行的方案。铁路是个选择。[1]

当你阅读历史性的解释文章时，在段落中寻找相似的连接词，在你写作的时候也要思考它们。这样做可以帮助你增加思想的连贯性，你可以培养出一种鉴别什么应该出现在段落中，什么不应该出现的能力。

5.2.2　使句子可操纵

你的句子应该永远关注你想要在陈述中表达的中心思想。试着不要在句子中纠缠不能展开论述，或者与上文信息不直接相关的信息。一个可以保持句子可操作的方法就是避免一些复合的从句，即在句中充当形容词、副词，或修饰其他成分的从句。我们并不是建议你避免所有的从句，而是希望你不要使用过多的从句，它们会让你的句子失去控制，使你的文章变得难读。在写句子时，首先想想你要写的主题，再想想你想要说些什么关于它的内容，会帮助你保持思路清晰。将真正的主题隐藏在从句中对于提升写作是没有任何帮助的。其实，大部分作家在三到四个句子中，只使用一两个从句。

下面是从历史学家奥斯卡（Oscar）和莉莲·汉德林（Lilian Handlin）的书《扩张中的自由》（*Liberty in Expansion*）中节选的精良、可读性很

1　Robert C. Post, *Technology, Transport, and Travel in American History* (Washington, DC: American Historical Association, 2003), 44; 我们删除了引注。

强的段落。注意句子甚至是从句中，主体与动词间的密切关系。

The Healing image meant much to a government, not all of whose statesmen were pure of heart and noble of impulse. On January 30, 1798, the House of Representatives being in session in Philadelphia, Mr. Rufus Griswold of Connecticut alluded to a story that Mr. Matthew Lyon of Vermont had been forced to wear a wooden sword for cowardice in the field. Thereupon Mr. Lyon spat in Mr. Griswold's face. Sometime later, Mr. Griswold went to Macalister's store on Chestnut Street and bought the biggest hickory stick available. He proceeded to the House, where, in the presence of the whole Congress and with Mr. Speaker urging him on, he beat Mr. Lyon about the head and shoulders. An effort to censure both actors in the drama failed.

正面形象对于一个政府来说是很重要的，并不是所有的政治家都有纯洁的心与高尚的动机。在 1798 年 1 月 30 日，众议院正在费城开会，康涅狄格州的鲁弗斯·格里斯沃尔德（Rufus Griswold）先生暗示道，佛蒙特州的马修·里昂（Matthew Lyon）先生曾因为战场上的怯懦而不得不携带木剑。随即，里昂先生就朝格里斯沃尔德先生脸上吐了一口。一段时间过后，格里斯沃尔德先生走进了切斯纳特街上麦卡利斯特的商店，买了最大的山核桃木教鞭。接着他走进议会，在所有议员都在场并且议长先生敦促的情况下，打向了里昂先生的头和肩膀。双方在这一戏剧性事件中都负有责任。[1]

1　Oscar and Lilian Handlin, *Liberty in Expansion: 1760—1850* (New York: Harper & Row, 1989), 160.

请确认你将句子中的主体与描述他们动作的动词紧紧联系起来了，给单数的主体使用单数动词，复数主体使用复数动词。这会让你关注一篇好文章另一个重要的文体上的因素。

5.2.3　避免被动语态

使用被动语态看起来会更加舒服，不那么有攻击性，但它改变了你语言的直接性。如果使用主动语态的话，不仅会更直接，也会让你想说的内容对于读者来说更清晰。在使用主动语态的句子中，发出动作的主语是句子的核心，就像是下面这个主动语态的句子：

> 约翰·F. 肯尼迪总统做出了侵略古巴的决定。

然而，在使用被动语态的句子中，动作本身是最重要的，通常隐藏了发出行动的主体。就像是下面这个同样主题的句子：

> 侵略古巴的决定被做出。

在被动语态中，除非我们在后面加上笨拙的介词短语"由约翰·F. 肯尼迪总统"，否则我们不会知道谁做出了这个决定。省略最后一个短语会为你的读者删除掉一个重要的信息，但是有它在后面会使得总统的行动看起来像是计划之外的事。

有经验的历史学家只会在有足够理由的时候使用被动语态。当动作的承受者在句中有着明显的重要性时使用被动语态：

比尔·克林顿在 1996 年 11 月被选择继续接任美国总统。

被动语态也会将全段的中心集中在某个个人或群体上。在下面节选自关于 1917 年俄国革命的历史资料的段落中，被动语态被使用了几次。我们已经将使用被动语态的句子标成了斜体。学习它们，并理解其作者奥兰多·费吉斯（Orlando Figes）是怎样使用被动语态的：

喀琅施塔得海军基地，坐落在圣彼得堡附近的芬兰湾的一个小岛上，是目前为止布尔什维克先锋队最具有反叛精神的据点。水手们都是年轻的实习兵，在战争中只经历过很少的实战。他们多年以来都与其长官被拘禁在船上，长官们对他们的态度超过了一般的残暴严苛，因为海军纪律的一般规范是不适用于实习兵的。每艘船都是充满仇恨与暴力的炸药库。在二月，士兵们以惊人的凶猛态势发起兵变。基地指挥官，舰队司令维纶被刺刀劈死，几十个长官都被谋杀、以私刑处死或者被监禁在地牢中。老派的海军势力被完全摧毁，权力被过渡到了苏联的喀琅施塔得。这是二月革命中的一个十月。临时政府的权威还没有树立起来，军事秩序也没有恢复。司法部长克伦斯基在几次争取被囚禁长官的审判权上，显示出了无能，尽管在布尔乔亚的新闻界盛传那些长官被极其残暴地折磨。[1]

这个段落的关注重点是喀琅施塔得的水手们逐渐起义的过程。因此，在本段中，被动语态帮助保持了那个关键点。

我们最好的建议就是：当你使用被动语态时，问问自己为什么这样

---

[1] Orlando Figes, *A People's Tragedy: A History of the Russian Revolution* (New York: Viking, 1997), 394—395.

做。如果你并没有一个清楚的理由，还是将句子改写成主动语态吧。

5.2.4 用过去时态书写过去

没有经验的作者经常会将他们的文章转化成历史现在时，来争取那种戏剧化的效果。他们可能会写出类似下面的文章：

The issue as Calvin Coolidge sees it is this: The government has been intervening too much in private affairs. He is now the head of the government. He will do as little as possible. He keeps silent when people ask him favors. He says things like this: "The chief business of the American people is business." He does not believe the government should intervene in the business process. Within a year after Coolidge leaves office, the Great Depression begins.

在卡尔文·柯立芝（Calvin Coolidge）看来这个问题是这样的：政府过多地干预了个人事务。他现在是政府首脑了。他会尽可能少地干预。当人们问他的偏好时，他保持沉默。他这样说："美国人民首要的事务就是商业。"他相信政府不应该干预商业活动。柯立芝离职一年后，爆发了大萧条。

这样的写法通常都是为了给历史戏剧以生命，让它看起来就像是重演在我们眼前。但通常，这种写法也会起到反作用。过度使用现在时会使文章冗长，有时甚至会使人迷惑。在美国，还有英国，历史学的惯例就是最好使用过去时态来书写过去的事。然而，在描述一个作品（即使是演讲的手稿），或者艺术作品时，使用现在时态是被允许的，因为这样的作品对于读到、听到与观察它的人来说，永远都是当下的。

然而，使用过去时态可能会有更好的效果。当你不打算对作品进行概括时，这一点尤其如此，就像是下面的例子：

In his "Cross of Gold" speech delivered at the Democratic National Convention in 1896, William Jennings Bryan took the side of the impoverished farmers who thought that inflation would help raise the prices they received for their crops.

在 1896 年的民主党全国代表大会上，威廉·詹宁斯·布莱恩（William Jennings Bryan）发表了"黄金十字架"的演讲，他支持那些认为通货膨胀可以帮助提高他们庄稼价格的贫穷的农民。

这种情况下，强调的重点是布莱恩，而不是演讲本身，因此一般过去时是比较合适的。再强调一遍，将注意力放在文中关键的部分是最好的指导。

有时我们的学生会模仿他们从电视上听到的东西，尤其是那些使用一些戏剧效果的语言来使听众更兴奋的体育报道。足球赛的实时解说员对于触地得分的描述（"他可以一路走下去！"）影响了很多学生在文章中对关于过去的条件语句的滥用。在你书写的历史故事中最好使用过去时。在你关于过去的文章中使用过去时能最好地帮助你的读者去阅读。

5.2.5　首尾段互相照应

如果你文章的首尾段有明显的联系，将有助于读者清楚你的中心思想。在大部分出版的作品中都会有这样的联系，比如一篇文章中的首尾段、一本书的首尾章。在只读它们不读中间内容的情况下，你也可以对中间部分的内容有大致的了解。有时你会发现有些文章的首尾段并没有明确的联系。但是作者们还是希望他们的作品完成后，每篇文章的首尾段都会有词语与思想上的呼应。注意在附录 A 中，潘妮·松内保的文章是如何这样组织的。浏览《美国历史评论》与《世界史杂志》（*Journal of World History*），或者观点普遍流行的杂志《大西洋》（*The Atlantic*）或《纽约人》（*The New Yorker*），你会发现，在大部分文章中，首尾段都相呼应。

5.3　单词形式与标点符号

当你仔细阅读历史文章时，你也会找到正确使用单词与标点符号的例子。显然，就像我们在这章的开始提到的，简单直接的写作比普通的讲话要困难。有时在写作这个体力劳动中，我们的思想会走神，在使用单词与标点符号时，我们会犯错误。就是说我们没有遵守惯例。很多人可以通过大声阅读他们的作品找出这些错误。通常情况下你可以信任你的耳朵。当有些东西听起来不对劲时，试着改正它。请别人来阅读你写的东西也是有价值的，不论是非正式地请别人阅读还是在互相点评的过程中。我们也鼓励你去寻求意见，不仅仅从你的导师那里。很多年来，美国大学生从威廉·史杜克（William Strunk）和 E. B. 怀特（E. B. White）的《风格的元素》（*The Elements of Style*）一书中获益良多，我们尤其推荐最近出版的第 50 周年纪念版。[1] 当你想要提高你的写作并且培养出可

1　William Strunk and E. B. White, *The Elements of Style*, 50th anniversary ed. (New York: Longman, 2008).

读性强的写作风格与语态时，下面关于一些普遍的写作困难的建议可以给你帮助。

5.3.1　将修饰语保持在可控范围内

形容词修饰名词，而副词修饰动词、形容词及其他副词。形容词与副词有时会削弱它们所修饰的词语的概念。然而，一个用在正确的位置上的、好的形容词或副词，可以使一个句子出彩。我们的建议是最好谨慎地使用它们。12 或 13 个单词中出现一个形容词在美国出版物中是比较常见的。副词出现的比例相比之下少一些。当然，这些比例不是绝对的，出于某种目的你可能会使用得更多。但是请确定，你需要你使用的形容词与副词。

你也可能会使用描述性的分词短语，通常情况下使用在开语句中。但是你必须确认它们修饰的是你想要修饰的对象，否则，你就冒着使你的文章难以理解，甚至荒唐的风险。比如下面的句子：

> Living in a much less violent society, the idea that every man, woman, and child in the United States has a right to his or her very own assault rifle seems ridiculous to most Canadians.
>
> 生活在一个暴力比较少的社会，每一个美国的男人、女人、小孩都有持枪权利的观念对于大多数加拿大人来说是很荒谬的。

谁或者什么生活在暴力比较少的社会？观念吗？如果将句子进行如下改写就会更清楚：

Living in a much less violent society, Canadians find ridiculous the idea that every man, woman, and child in the United States has the right to his or her very own assault rifle.

生活在一个暴力比较少的社会，加拿大人认为，每一个美国的男人、女人、小孩都有持枪权利的观念是很荒谬的。

将这类修饰性的短语放在你想要修饰词语的旁边，就像你在使用形容词与副词时那样。

5.3.2 确定代词指代的是先行词

代词指代的是先行的名词。定代词，比如他、她、它、他们及其宾格形式，代表了出现在前一个句子或段落的某个名词。请确定代词的指代清楚，即使你需要仔细修改句子。如果像下面这样描写，就会使读者困惑：

捷克人很蔑视斯洛伐克人，因为他们更具有世界性。

代词"他们"指的是谁？是捷克人还是斯洛伐克人更有世界性？如果将句子进行如下改写会更好：

更具有世界性的捷克人很蔑视乡下的斯洛伐克人。

虽然原来的句子对于你来说是很清楚的，但你的读者们会更欣赏修改过的版本。

5.3.3　名词的复数与所有格形式要准确

注意区分复数名词与集体名词。比如，单数是"peasant"（农民），复数是"peasants"，但在欧洲历史上，整个阶层被称为"peasantry"。我们可以将一个在工厂工作的男人或女人称为"proletarian"（无产者），马克思主义者称他们这个集体为"proletarians"。但马克思称这个群体为"proletariat"。我们可以用"noble"或"aristocrat"来表示一些社会中的最高阶级的人，一群这样的人可以用"nobles"或"aristocrats"来表示，但整个阶层被称为"nobility"或"aristocracy"。

注意不要使用撇号来形成一个复数形式。不要写成：

The Wilsons' went to Washington.

正确的形式应该是：

The Wilsons went to Washington.

日期与缩写词的复数不使用撇号。所以你应该写成"1960s"或者武装起来的"NCOs"（非雇佣长官，比如警官）。

撇号是用来表示所有关系的，展示的是所属关系或者特殊的关系。一些作家或编辑仅仅给那些以"s"结尾的单数名词加上撇号。但是我们相信更好和更易理解的方式是使这些单词的所有格变化和其他单词一样，就像是：

Erasmus's works

Chambers's book

对于以"s"结尾的复数名词，只加上撇号就可以构成所有格形式：

the Germans' plan

the neighbors' opinions

对于不以"s"结尾的复数名词，就像单数名词一样变成所有格形式：

women's history

children's rights

5.3.4　使用常用单词的特定形式

缩写形式"it's"代表着"it is"或者有时代表"it has"。但是所有代词"its"意味着"属于它"。下面是一些例子：

It's almost impossible to guarantee safe travel.

It's been hard to measure the effects on the country.

The idea had lost its power before 1900.

相似地，你应该分辨缩写"you're"（它代表着"you are"）、所有格"your"，还有偶尔描述过去的名词"yore"。它们的用法如下面的例子：

You're going to the picnic, aren't you?

Will you take your umbrella?

We'll have a good time, just as we did in days of yore.

　　你会发现，这类区别是文字处理器的拼写检查功能不能查出来的，所以需要你在校对时十分仔细。相似的混淆也可能出现在单词"site"（比如"web site"或"historic site"）与单词"sight"（表示眼睛所见的景象）之间，动词"cite"也会与这些词产生混淆，尤其是当它用作名词来指你引用的文献时。我们在学生的文章中看到的最常见的错误可能就是复数所有格"their"和名词或副词"there"（说明一个地方）的混淆，有时还有缩写"they're"（代表"they are"）。注意这些不同！不这样做的话只会让你的文章显得很粗糙。

5.3.5　适当地运用宾格代词

　　代词的主格包括"I""we""he""she""who""they"和"those"。宾格的形式包括"me""us""him""her""whom"和"them"。主格在一个句子或者从句中充当主语：

I read Huizinga's books.

The Prince said he was not the king's son.

宾格可以在一个介词后用作宾语：

It was a matter between him and me.

Between you and me, I made a mistake.

宾格可以被用作间接宾语：

The president gave her a cabinet position.

宾格形式应该被用作动词不定式的主语或宾语。动词的不定式包括不定式标志"to"，以及单词的原型。因此，"to go""to be"" to dwell"和"to see"都是动词的不定式。动词不定式的主语是一个出现在不定式之前的名词或代词，完成不定式所表达的动作：

King Leopold wanted him to go at once to Africa.

在上面的例子中，由宾语代词"him"指代的那个人将要去非洲。由于他要完成动词不定式所表达的动作，代词"him"是动词不定式的主语，并且是宾格形式的。

5.3.6　并列的成分保持同一种形式

英国与美国作家通常会将一些单词或短语并列，但是并列的成分在语法上必须是一致的。因此，你不应该写出这样的句子来：

Richelieu wanted three things for France—authority for the king, an end to religious strife, and he also wanted secure "natural" frontiers.

这个并列句由介词短语修饰的名词开头，但最后一个元素却是一个从句。这个句子应该重新改写成这样：

Richelieu wanted three things for France—authority for the king, an end to religious strife, and secure "natural" frontiers.

对于写作细节的关注也适用于标点符号，并且这会帮助读者更好地理解你文章的意图。

5.3.7 正确运用逗号与分号

独立分句可以单独成为一个句子，你可以用逗号将它与另一个句子分开，但只有当你使用连接词的时候才能这样做。没有了连接词，你就应该使用分号。不要仅仅将独立分句与逗号连接在一起。研究以下正确的例子：

The McNary-Haugen bill would have provided subsidies for American farmers, but President Coolidge vetoed it in 1927.

The people of the United States decided that they must give up Prohibition; the law brought about too many social disruptions.

然而，你应该用逗号分隔一长段介绍性的短语：

Even after the transcontinental railroad was completed in 1867, some pioneers still made the trip West by covered wagon.

也可以使用逗号来将并列的单词或短语分隔开：

President Franklin D. Roosevelt moved to solve problems of unemployment, banking, and despair.

William Jennings Bryan campaigned for the presidency in 1896 by traveling 18 000 miles, making 600 speeches, and attacking the "moneyed interests."

然而，如果并列的系列之前有一个冒号，那么这些并列的部分应该被分号隔开：

William Jennings Bryan campaigned for the presidency in 1896, while insisting on several key positions: attacking bankers, whom he called the "moneyed interests"; supporting farmers; and promoting the silver standard.

类似地，你也可以用逗号分隔开非限制性的单词与短语，当你可以用"and"来替换掉逗号，并还能使语句通顺时：

Ralph Waldo Emerson was a tall, frail, and elegant man.

这种情况下，你也可以写作：

Ralph Waldo Emerson was a tall and frail and elegant man.

但是不要在不能以"and"代替逗号的形容词中间使用逗号。你可以这样写：

The three old maple trees stood on the hill.

但你不能这样写：

The three and old and maple trees stood on the hill.

5.3.8 仔细表述与给引文加引号

当你在文章中使用引文时，你应该在使用标点，以及大小写字母上多留意。如果你要将引文插入你的文章里，那就要改变大小写与标点符号，以便使引文很好地融入你自己的句子。

Kipling urged Americans "to take up the White Man's burden."

你不需要用括号来说明你做出了这样的改变。你也不需要在引文的开始或结尾处使用省略号（三个点，就像这样 "..."；一些文字处理器会自动地加上它，中间没有空格，就像这样 "..."）。引号也显示出你在开始还是结束你的引用。然而，你应该使用省略号来标示出引用中间所省略的单词；但如果省略的部分包括一个完整的句子，你就应该使用四个省略号。

逗号与句号，不论在原始资料中还是将它们转化为你自己句子的一部分时，都应该放在引号里。这将会使读者清楚你所写的。然而，只有当引用的部分本身是个问句时，问号才会出现在引号的里面。如果引用本身是你所提问题的一部分，问号就应该出现在引号的后面。感叹号也是这样。分号与冒号总是出现在引号的外面，无论它们是否在原始的引文中。

在你的文章中任何长于 4 行或 5 行的引文都应该缩进 5 个空格，并且在文章中作为一个单独的段落。将这些引文段落设置成双倍行距，并且不要使用引号。你应该只给那些出现在你所引用的原始资料中的引文段落加上引号。由于你的文章通常不会发表，你的导师可能会让你将引文段落设置成单倍行距。但编辑单倍行距的文章是困难的，你应该将所有要出版的材料设置成双倍行距。我们在这本书中所引用的其他历史学家的作品会给你提供一些例子，教你在自己的文章中如何引用。

5.4　最后的呈现

不论你如何勤奋地培养合适的写作语态和寻找稳定的风格，你文章的样式，不论是电子版或印刷版，会告诉读者很多关于作者的事情。一个马虎的、缺乏可读性的版本表明作者不太在乎他研究的课题与读者。作为一个作者，你可能很在乎，但请确认你的读者可以从你呈现给他们的最后一版中看出来。电脑可以便利作者与读者，如今大部分的作者与学生都使用电脑的文字处理程序。利用电脑的这些程序得到你文章的一个清样稿。

使用文字处理程序时，注意避免印刷错误、拼写错误、单词漏印或重复等错误。还要给你的文章标上页码，即使你只需要上交电子版本。每个文字处理程序都有标页码功能，找出你的程序给文章标页码的步骤，使用它们给你的文章插入页码。你的导师可能还会向你提出一些其他具体的格式要求。遵守它们。在缺乏指导的情况下，如果你能遵循本书中附录 A 的文章的格式，通常都不会出错。完成了这些最后的修改与排版，你就可以保存文章的最终版了，请确认你保存了很多副本，并且不是都保存在电脑里！

如果你需要纸质版，在保存了电子版之后，你就可以打印出一个清样。再强调一次，遵循任何给你的指导，如果没有的话，以下有一些建议。使用质量好的 8.5 英寸 ×11 英寸（216 毫米 ×279 毫米）的白纸。将文章设置为双倍行距，单面打印。在文章的边缘留出足够的空隙好让你的导师写下评论，上下边距和左右边距都不小于 1 英寸（25.4 毫米）。使用 Times New Roman、Bookman Old Style、Courier，或者其他工整易读的字体。确认墨盒中的墨足够黑，打印稿清晰可轻松阅读。如果必须要或者导师要求手写的话，使用有画线的白纸，用深蓝或黑色的钢笔写在线上。加上一个封面，上面写上你的姓名、导师姓名、课程名称，以及课程时间。将你的文章的左上角用回形针或者订书针固定。活页夹对于导师来说总是很麻烦，增加了不必要的负担，并且使得在边缘写评论变得很尴尬。使用它们没什么帮助。

你文章的呈现，不论是电子版还是纸质版，是最后一个体现你坚持历史学家惯例的地方。但它也是你的导师对你文章的第一印象！抓住那个机会。记住，如果你忽略了那些惯例你会发现你的成绩比你预期的要低。

5.5　为演讲写作

有时你需要口头报告你的研究成果。历史学家们经常称之为"朗读论文"，我们经常在学术会议或者演讲报告中这样做。但你所读的和你在正式的文章中所写的并不一样。所以有时你可能需要修改你的文章来使你的口头报告尽可能地清晰流畅。这可能正好是你为作业而写的文章，但更多的情况下，你需要先写一篇文章，然后为口头报告再写一篇。

首先需要考虑的问题就是文章长度。你被要求讲多久？每一页（通常250个字）要讲两分钟。但你需要先读一些你所写的东西来确保你可以保持这种速度。你可能需要调整文章的长度来配合演讲的速度。还要记住的是，在完成这个任务时，我们之前提到的名言"简单直接"是很重要的。但是当你在写一些你将要读的东西时，记住你所写的东西需要让你讲得特别好。当遇到这个问题时，我们中的一人想起了一位无线电广播员说的话：分号是没有声音的！这首先是一个提醒，即在写作演讲稿时简单直接的句子是最好的。任何你想要用复杂句来表达的细微意思，当被读出来时，听众很可能听不出来。

将你的听众记在心中。你的文章可能是为某个导师特别写的，但是你的报告还会有其他听众。如果你能抓住所有的，至少大部分听众，你也会抓住评判你报告的导师的注意力。试着不要使用太多的引用，并且使用的那些要简短切题。而且当你演讲时，确实无法做出引注。和分号一样，脚注也不能被翻译进演说词。你最好写出一个简短的段落，可能只有两三句，讨论一下得出你主要结论的研究。如果你在正式的文章中举出了几个例子，在演讲中举出一个就够了。试着让你的听众将注意力放在文章的主题上，而不是迷失在细节中。

最后，记住写出演讲稿并不是准备一个报告的最后一步。你还要确定你将怎样朗读你的文章，以及演讲的环境是怎样的。首先，练习朗读你的文章。至少找你的朋友听你朗读一次。计划好停顿的地方，这样你才可以深呼吸。托马斯·杰斐逊在他所写的文章（《独立宣言》也是这样）中标示出了深呼吸的停顿处，这样他的演讲更通俗易懂。试着为你的口头报告也这样做吧！

　　还要确认的是你在哪里演讲。即使是在一个熟悉的教室，可能的话要事先实地考察，站在你将要演讲的地方。记住会分散你注意力的东西。确定你知道你可能需要的一切事物，比如一个高桌子或者讲台，或者其他在演讲中需要的设备，如果你需要的话，一定要提前索要。当你准备一场口头报告时，你会发现，美国历史协会前会长琳达·科博（Linda Kerber）教授在她的文章《会议规则》中所给的建议十分有用。[1]

□ 表达与惯例的作者自查清单

□ 我在我的叙述中应该叙述什么？应该省略什么？

□ 我的描述是否建立在可靠的证据之上？

□ 描述是否能带来感官上的体验？

□ 我的推论是否可信并被解释清楚了？

□ 我的论辩是否令人信服？

□ 我的段落是否具有连贯性，句子是否可操纵？

□ 我的写作最好是主动语态还是被动语态？

□ 我的结论是否与开头的论点相照应？

□ 我是否留心使用正确的单词？

□ 标点符号的使用是否依据了通常的惯例？

□ 引用是否被清楚、合适地分离开了？

□ 当为一个口头报告写作时，我是否适当地转化了原文？

1　Linda K. Kerber, "Conference Rules: Everything You Need to Know about Presenting a Scholarly Paper in Public," *Perspectives on History: The Newsmagazine of the American Historical Association* 46, no. 5 (May 2008): 17—19.

第六章

参考文献来源

读完这一章后，你将学会：

• 找出参考文献来源信息的四个基本信息；

• 写出合适的注释与参考文献；

• 需要的时候准备合适简短的引文；

• 给电子资料做出清晰完整的引注。

当你撰写关于历史（或者其他需要研究的课题）的文章时，你需要使用文献资料来让读者们核对你的史料。确实，历史写作总是与史料有关。你的读者们可能想要查阅史据来看看你是否准确地引用并可靠地解释了史料。历史学家们也使用阅读的书或文章的参考文献来帮助自己的研究。

当你使用来自某个资料的信息时，告诉读者在哪里能找到该引文或信息。当你引用某个资料的内容时，将它们放在引号中，或者使用一个单独的引文段落，以使读者知道这是来自于另一个作者，并给引文标出引注。如果你在总结或解释某个资料，让读者知道你在干什么。否则你会因抄袭而后悔。永远记住抄袭是一个作者不可饶恕的罪过。记住：在一篇典型的超过两页的历史文章里，你对思想与解释的信息的引注要多于直接引用。

很多格式手册都提供了对引注格式的建议，包括脚注与尾注。历史学家们的惯例是，使用现在是第 16 版的《芝加哥格式手册》[1]中的注释与参考文献格式。一代一代的学生们也使用凯特·L.特拉比安的《学术论文写作手册》[2]，这是一个不如《芝加哥格式手册》全面的便携尺寸的简易

1　*The Chicago Manual of Style,* 16th ed. (Chicago: University of Chicago Press, 2010). 关于合适引用的有用工具的重要例子可以在网上的《芝加哥格式手册》上找到，"Chicago-Style Citation Quick Guide," http://www.chicagomanualofstyle.org/tools_citationguide.html, 然后选择"注释和参考书目"（Notes and Bibliography）选项；accessed 18 July 2013.

2　Kate L. Turabian, *A Manual for Writers of Term Papers, Theses, and Dissertations*, 8th ed., rev. by Wayne C. Booth, Gregory G. Colomb, and Joseph M. Williams (Chicago: University of Chicago Press, 2013). 这个版本对第 16 版的《芝加哥手册》很关键。A "Turabian Quick Guide" for citations is available at http://www.press.uchicago.edu/books/turabian/turabian_citationguide.html, 然后选择"注释和参考书目"（Notes and Bibliography）选项；accessed 18 July 2013.

版。除了对注释与参考文献细节的关注，两个指南都提供关于语法、格式上的惯例、插入的引注信息，和推荐给学生们的相关参考文献的建议。因为《芝加哥手册》（还有特拉比安的书）的注释与参考文献的格式被历史学家们广泛使用，我们在这个简短的指导中也采用了这些引用文献的基本格式。我们强烈支持对以上历史惯例的采用，因为注释，尤其是脚注，可以促进我们在第一章中提到的历史学对话。如果你被要求不这样做，我们要求你也这样。

在本章的最后，我们总结了一个"资料引注的作者自查清单"，提供了一些经常被历史学家们使用的注释和参考文献格式的例子。特拉比安的手册比这本书篇幅长，并且就像是之前提过的，它只是《芝加哥手册》的缩简版。这两者都包含了更多类型的资料的引注例子，你应该查阅它们来获取更多建议。好的一方面是，对精确度与连贯性的常识和关注可以解决大量的问题，也让你可以通过你所使用的资料来诚实地引导读者们，不论是什么样的资料。

6.1　基本原则

不论你想要使用什么样的引注，它必须带给读者所引材料、总结或史据的具体来源信息。这需要你注意很多细节，并确认它们在你的引注中被仔细、一致地表达出来。阅读附录 A 中潘妮·松内保关于天定命运的文章。注意她所使用的引注格式。虽然她在文章正文中提到一些史料，但大部分都使用了脚注。它们也可以放在文章末尾作为尾注。一些机构、教师，以及书籍和杂志的出版商会因为各种原因偏好其中的一种形式。从作者的角度来看，现代的文字处理程序可以轻松设置脚注和尾注的格式与位置，也可以随意使两者相互转化。我们通常鼓励使用脚注，这样的话，读者就可以很快而且轻松地找到资料来源，或者选择忽略掉它。如果你不确定使用哪个，问问你的导师。就我们自己的经验来说，大部分导师仅仅要求学生在一篇文章中保持一致的格式。

当你为你的文章寻找史料或做笔记时，有一些基本原则你应该记在心中。你也可以用以下四个基本范畴来决定在你的引注中应该包括哪些内容。

6.1.1 作者身份

首先要考虑的就是作者身份。谁写作了这个作品？是只有一位作者，还是有很多位？如果有多位作者，请正确地列出他们。偶尔，一本书主要是由一位编辑创作的。这样的话，书目条目看起来会很像一本由作者创作的书，并且对书中内容的注释会和任何其他的文章集相似。在参考文献中，同一作者出现在第二个条目中时，将名字用六个空格键长的破折号（或者下划线）代替，参考本书后面的"精选学生参考文献"的例子来看看应该怎样做。

对于极少数资料，一些个人也对其基本创作与呈现有所贡献。很多情况下，除了作者外，这些人可能是编辑和译者。他们的名字通常会被写在书的扉页或者是文章的开端（或末尾）。最近几年以来，一些书，还有文章，会在出版信息页上有一长串的职员表，这本书也是。在这里出现的编辑姓名不会出现在该资料的引注中。如果所引的资料并没有作者姓名，或者众所周知该资料匿名，那么就在文章的题目开始你的引注。

一些关于作者的问题使人困惑。比如，一篇书评的书评人就是这一资料的主要作者，虽然被评论的书籍作者也应该被提到。在个人的交流中，比如信件与邮件，虽然收件人也会被写上，但寄件人应该放在第一位。采访则更加复杂，采访者与被采访者都对采访做出了直接的贡献。但由于被采访者通常会被作为提供主要信息的人（至少对于历史研究来说），被采访者的姓名通常都会被放在第一位，即使采访者的姓名也应该出现。

6.1.2 题目

引注的第二个基本元素就是题目。这个资料叫什么名字？对于报纸或杂志中的文章，会不只有一个题目，一个是文章题目，另一个是期刊名。一本书或手册的名称应该用斜体字。相似地，期刊名称（学术期刊、杂志、报纸）也应该用斜体字。斜体字也被应用在电影、画作、雕塑、戏剧、博客，以及类似的电子作品中。但是要给较短的诗作或演讲词的题目加上引号，就像是你会给期刊、杂志、报纸，或文集中的文章加引号一样。一些种类的史料，比如访谈、信件和手稿，仅仅以常规方式表达，没有引号。这对于网站的名称也是一样的，它们不是书、文章或其他作品的名称。然而，网站上的一篇原始文献会被当作文章来对待，并且放在引号里。

6.1.3 位置

因为引注的主要目的就是使其他人可以找到同样的作品，引注中第三个重要的元素就是找到信息的位置。对于书籍来说，这意味着出版地与出版商。对于学术期刊来说，你需要列出卷数，有时还需要期号（如果期刊给每期分别编页），还有页码。对于分成版块的报纸，在引注中加入版块名还有页码。通常情况下，网站以及其他的电子资料不会将一般甚至很长的文章分割成被编码的部分或使用页码。这样的情况下，你需要使用一个单独的 URL 地址，直接将读者带到你找到信息的页面。你可能也想要写出你在电子文件中查找出信息的关键词与选择条件。（我们在本章稍后部分总结出了有关引用电子资料的进一步建议。）对于手稿来说，你需要指出收藏品的名称、找到它的储藏地，还有储藏地或档案馆给它做的进一步的位置标识。

6.1.4　日期

最后一个需要考虑的因素就是日期。对于书籍来说，指出版年份；对于期刊来说，指出版年份（可能还有月份），以及卷数，有时还有期号。报纸与杂志的引注通常只有日期，没有卷数与期号。对于网站来说，具体史料被创作的日期应该被写进去，如果可以获得的日期只有最新修改的日期，那就将它写进引注中。很多规范的网站都清楚地给出了这些信息。如果无法获得日期，那么就标示出 "n.d." 来表示没有日期。考虑到 URL 地址的暂时性，很多学者建议你也将从网上得到资料的日期写上，你的导师会很欣赏你这样做。

6.1.5　再引的缩略形式

当我们刚刚开始我们的历史学家生涯时，作者们常常会使用拉丁语的缩写形式为已经出现过的史料做引注。这种习惯已经逐渐在学术写作中消失，虽然《芝加哥手册》和特拉比安缩减版的指南仍旧建议在特定的情况下使用 "同上"（"ibid"，就是拉丁语 ibidem，意为在同样的地方）是合适的。然而，对使文字及其相关注释可以十分容易地从一个文件转移到另一个文件的文字处理器越来越多的使用也会引起问题。我们经常发现，作者从另一个文件转移过来的文字并不能和之前的参考文献一致，因此，"同上"的意思并不必然指向此刻的前一个引用。所以，我们建议后面的引注使用缩略形式。如果你的导师建议你在注释中使用"同上"，在你的文章完成之后一定要检查，确定它出现的每一次都确实指向此刻的前一个引用。

引注的缩略形式对于作者来说很容易操作，并且读者可以轻松地识别出它们。在写缩略版的引注时，你应该使用作者（们）的姓；在后面的引注中省略掉译者与编辑的名字。如果你的文章中只使用了同一个作者的一部作品，那么在后面的引注中只需要写出卷数与页码。但如果你在一篇文章中使用同一个作者的不同作品，你还需要写出缩略的题目，当然题目也要保持单词的原始顺序。然而，对于有三四个单词的题目，你可以仅仅省略前面的冠词（"a""an"或"the"），并使用完整的题目。在这种情况下，你也应该写上合适的页码。

使用本章最后"作者自查清单"中的引注例子，不仅将它作为我们之前讨论过的情况的指南，也将其作为其他形式资料的引注的例子。记住文献引注的基本原则。如果你希望确定自己遵循了历史学惯例，并且使它们对于读者来说是很清楚的，你可以将自己的引注与特拉比安的指南或《芝加哥手册》进行对比。

6.2 电子文献

电子版的原始史料与二手史料的出现引起了历史学家们对于这类文献引注的重新思考。一些情况下，这些电子文献仅仅是出版物（还有一小部分是手写版）的数字化版本。比如在 JSTOR 上找到的期刊文章的电子文件，你应该首先在引注中标出它的原始版本，然后标出你找到该文献资料的网页的 URL 地址。和大多数历史学家一样，当你可以在纸质版与电子版中间选择时，我们建议你选择纸质版。但是还有很多资料你只能使用电子版，所以学习在文章中为这类资料做出完整的引注是十分必要的。

第 16 版的《芝加哥手册》做出了大量关于电子资料引注的建议，特拉比安第 8 版的指南同样如此。我们这本书中的大部分建议也是遵从了以上要求。对我们的建议中不同的地方，我们已经阐明了这是我们自己的建议。我们发现很多其他电子引注的指南要么基于与历史学惯例不太一样的其他格式手册，要么更关注电子技术问题而非历史写作。我们鼓励你遵循我们的建议，以及特拉比安或《芝加哥手册》的建议，并且一定要和你的导师确认格式。

对于那些想要给文献做出固定引注的人来说，网络的非永恒性与周期性的更替带来了很多问题。在为解决这一问题而出现的发明中，数字对象标识符 DOIs（与国际标准书号的目的相似）被更多地使用，但是它作为我们更熟悉的统一资源定位器 URL 的改善版本，并没有得到广泛使用与一致接受。几代的历史学家与人文主义者在做引注时面临着相似的问题。比如，长久以来，由收信人的家属收藏的私人信件，或者由作者复印的复印件，引起了与个人电子邮件，以及网站材料相似的引注困难。那些正在消失的材料（比如明显没有保存在公共资源库的脱销已久的书或失过火的图书馆、档案馆）也成为使用这些材料的作者们的关注点，但是其读者无法给这些史料定位。在引注中加上访问日期可以为你仔细查找过电子材料提供一些保证，即使它们之后可能会从网站上消失。

没有可以避免这些特殊的电子材料引注问题的办法，这样就亟需设计网站的前瞻性视野、仔细的解释、可能会被移动的材料的网页链接，以及对于数字对象标识符的接纳。目前来说，电子材料的引注问题是很现实的。历史学家们应该考虑到这个问题并努力寻求解决方法，但是作为一个作者，你并不能解决这个问题。那么继续向前，将所有我们提到的基本原则记在心中，并且让你的引注尽可能清楚与完整。

肯定会有历史写作者在使用互联网时应该遵守的惯例。你可能会看到 URL 或者电子邮件地址被放在尖角括号里，但是我们鼓励你用正常的格式写出 URL 与电子邮件地址，不要使用任何括号或插入语，并保留原来的标点符号。尽管如此，一些文字处理程序会自动将地址转换成超链接。通常这些超链接带着下划线，有着不同的颜色，并且在打印时带颜色的字体会被保留。如果你在准备你文章的纸质版，我们建议你去除超链接。用键盘上的箭头按钮将光标移动到超链接上，接着用文字处理程序的 EDIT 功能去除超链接。通常情况下，你可以点击鼠标右键完成这个工作。

标准的互联网规则是尽可能将 URL 地址放在分隔开的单独一行里。但在打印出的引注中，地址最好是从一行到另一行。当你这样做的时候，我们建议你遵循特拉比安与《芝加哥手册》的建议，使用双斜线(//)或者冒号(:)来结束一行，但下一行应该包括一个单斜线(/)、句号、逗号、下划线(_)或波浪号(~)。你可能会选择在每一行放一个等号(=)或和号(&)，但是如果在 URL 地址中有间隔号(-)，不要在间隔号处断开。你应该将任何 URL 地址中最后的斜杠包括进来，但不要把它放在下一行；读者们通常会知道 URL 地址后面的其他标点符号属于你的句子。如果需要的话，你可以在文章中以类似的分行方式写出邮件地址。

即使这些建议也不能解决复杂的 URL 地址问题。当你使用搜索工具时会发生这些问题。搜索结果的网站地址在引注中是难以管理的，通常情况下，它们并不像超链接那样可以让读者们直接到达那个页面。一些高质量的数据库，比如 JSTOR，提供的稳定的 URL 地址十分适合做引注。其他的搜索工具，比如那些用来在浩如烟海的网站中查找信息的工具，会产生不同的问题。比如，在 H-Net 网站的主页上查找和伦敦中央刑事法院（也叫老贝利）在线档案有关的信息时，查找的结果是 H-Net 网站论坛上有关的数字化资源。其中的信息之一，由戴夫·费瑟斯通在 2003 年发布在 H-Atlantic 论坛上，其 URL 地址是：http://h-net.msu.edu/cgi-bin/logbrowse.pl?trx=vx&list=h-atlantic &month =0303&week=c&msg=kNjii8wX74ykTVNHLzS/AQ&user=&pw=。在这种情况下，搜索出的 URL 地址可能会被用来找回文献，但如果已经打印出来，这显然是难以操作的。对于这个难解的问题，第 8 版的特拉比安的指南与第 16 版的《芝加哥手册》都没有给出清晰的答案。

然而，还是有一个简单的解决方法，这一方法可与使用纸质资料时的相似情况相比较。这涉及在给百科全书或字典这类以字母顺序组织词条的标准参考书做引注时缩写词 s.v.（拉丁语 sub verbo 缩写，意为见某词条）的作用。在刚刚提到的电子引注中，会提及包含搜索功能的网站主页的 URL 地址，还会告诉读者们在那个搜索工具里输入"在线老贝利"（Old Bailey online）就会找到具体信息：

Dave Featherstone, "Proceedings of Old Bailey Online," message to H-Atlantic, 15 March 2003, in H-Net: Humanities and Social Sciences Online, http://www.h-net.org, s.v. "Old Bailey online," accessed 20 July 2013.

《芝加哥手册》与特拉比安的指南都建议这类包含 s.v. 的引注只出现在注释中，而不出现在参考文献中。我们相信，对于电子资源（虽然不是纸质的百科全书和字典），必要时即使在参考文献中使用这样的引注，也会给作者记录现代电子资源提供方法。

一句忠告：我们并不建议你给在 Google、bing、Yahoo 等搜索引擎上找到的材料做这样的引注。这些搜索工具将你带到个人网站里，你应该把它们分开记录。在引注中只提供这样的搜索引擎就像是仅仅通过图书馆的目录册给里面的一本书做引注一样！只有当你通过一个包含你文章中使用过的材料的特殊网站的主页做出电子检索时，才使用 s.v.（复合搜索词条使用 s.vv.）形式的引注，使用网站搜索工具或者使用网页浏览器的编辑命令来"寻找（在这个网页上）"。

电子邮件与邮件列表信息的引注同样也会有问题，虽然同类型资料已经有广为接受的引注惯例。写信的人很显然是作者，虽然收信的人或群体，以及收信日期也应该被提到。很多邮件列表信息在一些公开的电子档案中都可以获得，比如我们之前提到过的 H-Net 档案。如果这样的话，你应该在引注中记录下存档的版本，如果没有存档，引注要以日期结尾。由于很多邮件信息列表与电子邮件信息都不在大部分研究者可获得的电子存档中，一些历史学家们避免将它们作为资料。然而正如历史学家们有时可能想要使用他们接收到的私人信件里的信息，你可能需要使用电子邮件列表或者私人邮件里的未归档的信息，这些信息可能在你的研究中成为很有价值的资料。一些历史学家们坚持把作者的邮件地址作为证实信息的方法，但你只有在获得许可的情况下才能这样做。

即使有这些困难，我们仍然相信给网络或其他电子形式的资料做引注是可能的。不要因为它们缺乏引注的规范就避免使用它们。向你的导师寻求如何给电子信息做引注的建议，使用本章最后"作者自查清单"中的引注例子作为指导，来给你在文章中参考的资料做引注。

6.3　注释与参考文献

在历史写作中，常见的引用资料的形式长久以来就是注释与参考文献。这两者本质上都用相似的方式表达了同样的信息，但它们却有不同的功能。无论注释在引用发生的那页下面作为脚注出现，或在文章后面、参考文献前面作为尾注出现，它们是用同一种方式书写的。当然，每一条注释都会有编号来对应文章中你想要注释的文献。不论在文中还是每个注释的开始，编号最好使用上标形式，这在文字处理程序中很容易实现。每条注释都应该设置段落缩进，这样，它们在你的文章中就可以被清楚地辨认出来。在注释中呈现引用信息的格式多年来已经逐渐形成了，在本章最后的"作者自查清单"、《芝加哥手册》，以及特拉比安手册中呈现的格式已经成为历史学家们的标准惯例。

这种注释格式可以使读者快速、轻松地阅读，尤其是在页面下的脚注，不过列在文章或书后面的尾注也可以被快速浏览。读者们想知道为什么一个作者的故事是真实的。通过澄清你用来支撑论点的证据，并将那个信息与你所写的联系起来来说服读者。历史学家们使用注释做到了这一点，你也应该这样。如果读者希望的话，注释也帮助他们寻找到同样的信息。当你开始准备写作时，你也可以利用你在资料中找到的注释。练习这样做不仅可以帮助你的研究，也会帮助你学习怎样为自己的文章准备注释。

从另一个方面来说，参考文献更加正式。这些引注的信息大部分与注释相同，标点符号稍微有些不同。它们将作者的姓按照字母表顺序排列，对于同一个作者的第二部作品，用六个空格键长度的横线来代替名字，本书后面的"精选学生参考文献"会给你提供这样做的例子。如果没有作者，参考文献的引注由题目开始，并且将题目与其他条目一起以字母表顺序排列。你也可以在本章最后的"作者自查清单"里找到参考文献引注的例子。

参考文献放在文章或书的最后面，可以使读者快速地看到作者引用或参考的文献。一篇参考文献显示出作者是否广泛地搜集了史料，以及是否知道本研究领域最新的研究成果。虽然有个别资料出现在文中的注释里，但不会出现在后面的参考文献中。在"作者自查清单"里有这样的例子。如果你对于在参考文献中应该包含什么内容有疑问，那么和你的导师商量一下。有时，仅仅需要将文中引用过的资料写在参考文献里，但很多情况下，所有你参考过的资料都应出现在参考文献中。有时，你会被要求通过展示一个注释过的参考文献来使你的研究更明了，它通常会包括对书、文章或其他资源的内容的简短评论。如果你需要给你的参考文献做注释，遵循本书后面"精选学生参考文献"中的例子。

6.3.1　资料引注的作者自查清单

在你的历史写作中使用下面的引注例子，在下面的类型中找到与你使用资料的类型相一致的，选择是参考文献（Bibliography，下文以 B 表示）还是文中注释（Note，下文以 N 表示），后者也包括后面对相同内容的注释。这些例子代表着一些你所能遇到的最常见的资料类型的引注问题。我们遵循由特拉比安及她的继承者，还有《芝加哥手册》的编辑所提出的建议。我们已经在本章的前面讨论过我们的建议，包括对于少部分情况轻微的修改。

书籍（一位作者）

B　　Maxson, Brian J. *The Humanist World of Renaissance Florence.*
　　　　Cambridge: Cambridge University Press, 2014.

N　　　　[1] Brian J. Maxson, *The Humanist World of Renaissance Florence*
　　　(Cambridge: Cambridge University Press, 2014), 156.
　　　　　[2] Maxson, 121.

书籍（作者名出现在书名中）

B　　*The Autobiography of Benjamin Franklin.* Edited by John Bigelow.
　　　　3 vols. 1874. Reprint, Cambridge and New York: Cambridge
　　　　University Press, 2011.

N　　　　[1] *The Autobiography of Benjamin Franklin*, edited by John
　　　Bigelow, 3 vols. (1874; repr. Cambridge and New York: Cambridge
　　　University Press, 2011), 2: 275.
　　　　　[2] *Autobiography of Benjamin Franklin*, 1: 37.

书籍（两位作者）

B　　Engerman, Stanley L. and Robert W. Fogel. *Time on the Cross: The
　　　　Economics of American Negro Slavery.* New York: Norton, 1989.

N　　　　[1] Stanley L. Engerman and Robert W. Fogel, *Time on the Cross:
　　　The Economics of American Negro Slavery* (New York: Norton,
　　　1989), 206.
　　　　　[2] Engerman and Fogel, 208.

书籍（多位作者）

B   Muzuli, Bakili, Yusuf M. Juwayeyi, Mercy Makhambera, and Desmond D. Phiri. *Democracy with a Price: The History of Malawi since 1900*. Blantyre, Malawi: Jhango Heinemann, 1999.

N   [1] Bakili Muluzi, et al., *Democracy with a Price: The History of Malawi since 1900* (Blantyre, Malawi: Jhango Heinemann, 1999), 17.
[2] Muluzi, 19.

书籍（再版）

B   Thornton, John. *Africa and Africans in the Making of the Atlantic World, 1400—1800*, 2d ed. Cambridge and New York: Cambridge University Press, 1998.

N   [1] John Thornton, *Africa and Africans in the Making of the Atlantic World, 1400—1800*, 2d ed. (Cambridge and New York: Cambridge University Press, 1998), 157.
[2] Thornton, *Africa and Africans*, 159.

书籍（重印）

B   Washington, Booker T. *The Future of the American Negro*. n.p.: Small, Maynard &Co., 1899. Reprint, New York: New American Library, 1969.

N   [1] Booker T. Washington, *The Future of the American Negro* (n.p.: Small, Maynard &Co., 1899; repr. New York: New American

Library, 1969), 17. Citations are to the reprint edition.

　2 Washington, 26.

书籍（编辑是作者）

B　Hilliard, Constance B., ed. *Intellectual Traditions of Pre-Colonial Africa*. Boston: McGraw-Hill, 1998.

N　　1 Constance B. Hilliard, ed., *Intellectual Traditions of Pre-Colonial Africa* (Boston: McGraw-Hill, 1998), 4.

　2 Hilliard, 10.

书籍（作者 / 编辑未署名）

B　*Cultures and Time*. Paris: The Unesco Press, 1976.

N　　1 *Cultures and Time* (Paris: The Unesco Press, 1976), 7.

　2 *Cultures and Time*, 9.

书籍（编辑或翻译）

B　Luther, Martin. *Lectures on Romans*. Edited and translated by Wilhelm Pauck. Philadelphia: Westminster Press, 1961.

N　　1 Martin Luther, *Lectures on Romans*, ed. and trans. Wilhelm Pauck (Philadelphia: Westminster Press, 1961), 101.

　2 Luther, 76.

系列书

B　Post, Robert C. *Technology, Transport, and Travel in American History*. Historical Perspectives on Technology, Society, and Culture. Washington, DC: American Historical Association, 2003.

N　[1] Robert C. Post, *Technology, Transport, and Travel in American History*, Historical Perspectives on Technology, Society, and Culture (Washington, DC: American Historical Association, 2003), 53.

[2] Post, 54.

小册子

B　South Africa. Department of Education. *The South African History Project*. Pretoria: Department of Education, ca. 2001.

N　[1] South Africa, Department of Education, *The South African History Project* (Pretoria: Department of Education, ca. 2001), 2.

[2] *South African History Project*, 3.

论文集中的一篇文章

B　Spiegel, Gabrielle. "History and postmodernism." In *The Postmodern History Reader*, ed. Keith Jenkins, 260—73. London and New York: Routledge, 1997.

N　[1] Gabrielle Spiegel, "History and postmodernism," in *The Postmodern History Reader*, ed. Keith Jenkins (London and New

York: Routledge, 1997), 261.

2 Spiegel, 263.

学术期刊上的文章

B　Spooner, Denise S. "A New Perspective on the Dream: Midwestern Images of Southern California in the Post-World War Ⅱ Decades." *California History* 76, no. 1 (Spring 1997): 45—57.

N　　1 Denise S. Spooner, "A New Perspective on the Dream: Midwestern Images of Southern California in the Post-World War Ⅱ Decades," *California History* 76, no. 1 (Spring 1997): 45.

2 Spooner, 48.

流行杂志中的文章

B　McGlynn, Sean. "Violence and the Law in Medieval England." *History Today*, April 2008, 53—59.

N　　1 Sean McGlynn, "Violence and the Law in Medieval England," *History Today*, April 2008, 57.

2 McGlynn, 54.

流行杂志中的文章（作者／编辑未署名）

B　"War Letters." *National Geographic*, November 2005, 78—95.

N　　1 "War Letters," *National Geographic*, November 2005, 92.

2 "Letters," 89.

网络杂志中的文章

B   Conniff, Richard. "What the Luddites Really Fought Against." *Smithsonian*, March 2011. http://www.smithsonianmag.com/history-archaeology/What-the-Luddites-Really-Fought-Against.html, accessed 10 March 2011.

N   [1] Richard Conniff, "What the Luddites Really Fought Against," *Smithsonian*, March 2011. http://www.smithsonianmag.com/history-archaeology/What-the-Luddites-Really-Fought-Against.html, accessed 10 March 2011.

       [2] Conniff.

报纸上的文章

B   Sanger, David E. "Clinton Warns Japan: Fire Up Economy to Stem a Decline." *New York Times*, 4 April 1998, A1.

N   [1] David E. Sanger, "Clinton Warns Japan: Fire Up Economy to Stem a Decline," *New York Times*, 4 April 1998, A1.

       [2] Sanger.

报纸上的文章（作者未署名）

B   "Science Jottings: Trench Fever." *The Illustrated London News*, 28 October 1916, 516.

N   [1] "Science Jottings: Trench Fever," *The Illustrated London News*, 28 October 1916, 516.

2 "Trench Fever."

工具书

B　　Wiener, Philip P., ed. *Dictionary of the History of Ideas*. Five volumes. New York: Scribner's, 1973.

工具书中的条目

N　　　 1 *Dictionary of the History of Ideas*, s.v. "Historiography," by Herbert Butterfield, 465.

2 Butterfield, 465.

工具书中的条目（作者未署名）

N　　　 1 *Encyclopedia of World History*, s.vv. "computer, history of the," 157.

2 "History of the Computer," 158.

论文或学位论文（未出版）

B　　Vasconcellos, Colleen A. " 'And a child shall lead them?' : slavery, childhood, and African cultural identity in Jamaica, 1750—1838." PhD dissertation, Florida International University, 2004.

N　　　 1 Colleen A. Vasconcellos, " 'And a child shall lead them?' : slavery, childhood, and African cultural identity in Jamaica, 1750—1838" (PhD dissertation, Florida International University, 2004), 72.

2 Vasconcellos, 27.

论文或学位论文（可在网上找到）

B　　Horton, Justin G. "The Second Lost Cause: Post-National Confederate Imperialism in the Americas." MA thesis, East Tennessee State University, 2007. http://libraries.etsu.edu/record=b2113028, accessed 4 June 2008.

N　　　　[1] Justin G. Horton, "The Second Lost Cause: Post-National Confederate Imperialism in the Americas" (MA thesis, East Tennessee State University, 2007), 43, http://libraries.etsu.edu/record=b2113028, accessed 4 June 2008.

[2] Horton, 16.

档案

B　　Bowman Family Collection. Accession No. 23, Archives of Appalachia, East Tennessee State University. Johnson City, TN.

档案文件

N　　　　[1] Benjamin Bowman, manuscript letter to Joseph Bowman, 24 July 1860, Bowman Family Collection, acc. No. 23, Archives of Appalachia, East Tennessee State University, Johnson City, TN.

[2] B. Bowman to J. Bowman, 24 Jul 1860.

书评

B　　Ze'evi, Dror. Review of *Desiring Arabs*, by Joseph A. Massad. *The American Historical Review* 113 (2008): 1480—81.

N　　　　¹ Dror Ze'evi, review of *Desiring Arabs*, by Joseph A. Massad, *The American Historical Review* 113 (2008): 1480.

² Ze'evi, review of Massad, 1481.

政府文件（在线）

B　U.S. National Archives and Records Administration. "Picture of World WarⅡ." College Park, MD, National Archives and Records Administration, 2004. http://www.archives.gov/research/military/ww2/photos/, accessed 10 March 2011.

N　　　　¹ U.S. National Archives and Records Administration, "Pictures of World War Ⅱ" (College Park, MD, National Archives and Records Administration, 2004), http://www.archives.gov/research/military/ww2/photos/, accessed 10 March 2011.

² NARA, "Pictures of World WarⅡ."

网站文件（单独的 URL）

B　Miller, Joseph C. "History and Africa/Africa and History." 8 January 1999. http://www.ecu.edu/African/sersas/jmahapa.htm, accessed 23 November 2003.

N　　　　¹ Joseph C. Miller, "History and Africa/Africa and History" (8 January 1999) http://www.ecu.edu/African/sersas/jmahapa.htm, accessed 4 June 2008.

² Miller.

网站文件（通过内部检索获得）

B   Hoover, Irwin H. Memoir. 4 March 1913. In Library of Congress:
American Memory, http://memory.loc.gov, s.v. "Irwin H.
Hoover," accessed 27 April 2005.

N   [1] Irwin H. Hoover, memoir, 4 March 1913, in Library of
Congress: American Memory, http://memory.loc.gov/index.html s.v.
"Irwin H. Hoover," accessed 27 April 2005.

     [2] Hoover.

未发表的文章

B   Rosenfeld, Gavriel D. "Alternate History and Memory." Paper
presented at annual meeting of American Historical Association,
Philadelphia, 6 January 2006.

N   [1] Gavriel D. Rosenfeld, "Alternate History and Memory" (Paper
presented at annual meeting of American Historical Association,
Philadelphia, 6 January 2006).

     [2] Rosenfeld.

电影（视频或光盘）

B   *Breaker Morant*. Videocassette. Directed by Bruce Beresford. 1979.
Burbank, CA: RCA/Columbia Pictures Home Video, 1985.

N   [1] *Breaker Morant*, videocassette, directed by Bruce Beresford
(1979; Burbank, CA: RCA/Columbia Pictures Home Video, 1985).

² *Breaker Morant*, 1985.

电视或广播节目（网上存档）

B "NASCAR Challenge." *American Pickers*. Aired on 11 April 2011, on The History Channel. http://www.history.com/shows/american-pickers/videos/american-pickers-nascar-challenge, accessed 31 July 2011.

N ¹ "NASCAR Challenge," *American Pickers*, originally aired 11 April 2011, on The History Channel, http://www.history.com/shows/american-pickers/videos/american-pickers-nascar-challenge, accessed 31 July 2013.
² "NASCAR Challenge."

电视或无线电广播（无线电）

B Wertheimer, Linda. "Ex. Rep. Lindy Boggs: Advocate For Women, Dedicated To Family." *Weekend Edition Saturday*. Aired 25 July 2013 on National Public Radio.

N ¹ Linda Wertheimer, "Ex. Rep. Lindy Boggs: Advocate For Women, Dedicated To Family," *Weekend Edition Saturday*, National Public Radio, aired 25 July 2013.
² Wertheimer, "Lindy Boggs."

采访

N ¹ Stambuli Likuleka, interview by Melvin E. Page, 17 August

1972.

    2 Likuleka interview.

照片

N   1 Ken Geiger, "Stonehenge, weathered and broken," photograph, *National Geographic*, June 2008, 59.

    2 Geiger, "Stonehenge" (photograph).

照片（摄影师未署名）

N   1 "An excellent example of a pack or artillery mule," photograph, in *Shavetails & Bell Sharpes: The History of the U.S. Army Mule*, by Emmett M. Essin (Lincoln: University of Nebraska Press, 1997), facing p. 85.

    2 Photograph in Essin, 85.

艺术作品

N   1 Jan van Eyck, *Giovanni Arnolfini and His Bride*, painting, as reproduced in Dennis Sherman et al., *World Civilizations: Sources, Images, and Interpretations*, 3rd ed. (New York: McGraw-Hill, 2002), 1: 231.

    2 van Eyck, *Giovanni Arnolfini and His Bride*.

网上的专题论坛或博客上的信息

N   1 Richard Lobban, "REPLY: African Muslim Slaves in America," message to H-Africa, h-africa@msu.edu, 4 August 1995, archived at http://www.h-net.org/~africa/archives/august95.

    [2] Lobban.

私人信件

N   [1] George Shepperson, letter to author, 4 October 2004.

私人电子邮件

N   [1] Carol Jones, e-mail message to author,16 July 2009.

被另一史料引用的史料

N   [1] Frank Dupuis, "A Nobody in a Forgotten Campaign," typescript (ca. 1972), privately held, quoted in Melvin E. Page, *The Chiwaya War: Malawians and the First World War* (Boulder, CO: Westview Press, 2000), 109.

    [2] Dupuis.

附录 A　学生研究论文范例

在下面的内容中你会发现一个为世界历史课程写的研究论文的范例，它使用了我们在本书中介绍的写作步骤（有时我们用松内保女士的写作经验阐述它）。学习这篇文章，然后思考本附录末尾与这篇文章相关的问题，并试着对你在历史课程上写的文章提出类似的问题。

请格外注意文章的格式。注意封面、脚注和参考文献。封面包括了文章题目、作者姓名、论文提交的日期、课程名称、上课时间以及导师姓名。纸张四个方向的页边距都不小于 1 英寸。给文章编页码，但是记住封面不需要页码，尽管它被认为是你文章的第一页。

天定命运：国家的性格

作者：潘妮·M. 松内保

东田纳西州立大学

2003 年 3 月 20 日

历史 4957：殖民主义和帝国主义

梅尔文·佩吉 教授

2:00—4:50 下午

一个多世纪以前，当约翰·L.奥沙利文（John L. O'Sullivan）写下反映美国对外扩张热情的话语"对外领土扩张是我们的天定命运"[1]时，这个观点的精髓已经成为我们国家传统的一部分。迟至20世纪20年代，朱利叶斯·普拉特（Julius Pratt）在《美国历史回顾》中自信地宣称，奥沙利文创造了这句话。[2]如今，在奥沙利文写下这些著名文字一个半世纪后，很明显不单单美国有着这样的热情，奥沙利文只是给了深深扎根于西方传统的发达国家的民族性格一个戏剧性的声音。

在《美国历史上理想的力量》中，以法莲·亚当斯（Ephraim Adams）将"天定命运"（manifest destiny）解释为几乎所有国家都有的内在属性，消除了它是美国特有属性的观点。亚当斯阐释道："命运的观念是所有国家和民族的特质。"他提出，如果我们超越信史的领域，那么各个部落和种族的不同的情感都将为"天定命运"提供一个早期的理解。也许我们会发现，这些部落和种族也感觉自己是"选民"，为了一些更崇高的目的而自别于其他民族。[3]

亚当斯也暗示任何伟大的国家对其命运都有信仰；大一点的国家想要在太阳中占一席之地，而小一点的、容易满足的国家则一直避免被更加强大的邻国吞并。作为历史学家，我们可以分析并以此阐明天定命运的概念早在1845年之前就已经出现，而且不仅仅出现在美国。起源于殖民历史的美国利用了这个概念的精髓，并将其置于更高的哲学高度。美国民族主义的扩张运动基于一个道德的意识形态，并作为

1 John L. O'Sullivan, "Annexation," *Democratic Review* 17 (July and August 1845), quoted in *Manifest Destiny and the Imperialism Question*, ed. Charles L. Sanford (New York: John Wiley & Sons, 1974), 28.

2 Julius W. Pratt, "The Origin of 'Manifest Destiny,' " *The American Historical Review* 32 (1927): 798.

3 Ephraim Douglas Adams, *The Power of Ideals in American History* (New York: AMS Press, Inc. 1969), 67.

一种内在品质即自然权利出现。[1]

自然权利为解释天定命运运动和其潜在的意识形态提供了历史基础。自然权利的基本定义为"自然"赋予的一切权利，它在"'自然法则'的神圣系统中，包括了道德真理，它优先于或者独立于政治社会"。这个观点可以追溯到希腊哲学家写的"事物如果自然地是对的，那就是说，它是内在地如此，而且它能被每个有理性的存在普遍接受"。[2]之后，斯多葛派的哲学家，以及真正的基本罗马法律信仰，追随了这个观点，即自然权利在自然法则包含的真理之中。欧内斯特·巴克(Ernest Barker)先生在《礼仪的传统》中强调了自然法则观点作为一个运动存在于希腊时代的斯多葛派思想家之中。这个广泛而一般的表述"成为自斯多葛派的教师到1776年的美国独立战争和1789年的法国大革命，人类文明的一种传统"。[3]在很多个世纪，自然法则观念都直接被认为是宗教神学的一部分，之后被天主教吸收并形成了教会导师和早期殖民者教会教义的一个核心元素。这个逻辑构建了自然世界和道德世界的理性基础，因此，"自然法则理论在16世纪就成为被自然法世俗学派的哲学家承认和阐明的一个独立的理性体系，并延续至17、18世纪。"[4]之后，基督教"将这些异教的观点与自己的宗教体系相协调，将自然法则解释为上帝永恒的理性"。因此，在西方传统中，自然权利包含了两个原则——世俗的和神圣的——并为"之后被称为民族主义的重要的主张"准备了基础。这个强有力的主张巩固了一个新出现的观点，即国家不仅仅是促进特定群体权利的最有可能

1　Albert K. Weinberg, *Manifest Destiny: A Study of Nationalist Expansionism in American History* (New York: Johns Hopkins Press, 1958), 12.

2　Weinberg, 13—14.

3　Ernest Barker, *Traditions of Civility* (Cambridge: Cambridge University Press, 1948), 312.

4　Barker, 216.

的代理者，也是促进整个人类权利最有可能的代理者。[1]这种倾向于群体权利的断言确认了亚当斯的观点，即早期的部落和种族使用具有更高目的的概念，为早期的民族主义倾向做了铺垫。

基于这个先验的条件，可以确定地说，经常被描述为民族主义、扩张主义、种族主义、自然法则以及天定命运的概念之间存在着紧密的联系。欧洲早期历史中政治、宗教、哲学的华丽辞藻为这些联系打造了试金石。欧洲早期的历史学家对于引起大家注意这些联系也是有帮助的。塔西佗（Tacitus），日耳曼民族的罗马历史学家，在他的《日耳曼尼亚志》（*Germania*）中描述了他所写的民族的这种性格。他断言，"日耳曼部落是不会与外国进行通婚的，……他们是独特的、未经融合的种族，他们就是他们自己。"[2]这种倾向传给了日耳曼民族的后裔——英国早期居民。威廉·卡姆登（William Camden）在他的《不列颠志》（*Remaines concerning Britaine*）中确认了这个说法，他写道"他看到上帝的手在指引盎格鲁人和撒克逊人去往英格兰"。[3]这个"选民"信条的版本成了英国普遍意识形态的基石，因为伊丽莎白统治之下的英国新教吸收了这个信息的本质。

大主教马修·帕克（Matthew Parker），盎格鲁－撒克逊著作和学术的拥护者，与他的秘书约翰·约瑟琳（John Joscelyn），开始研究诺曼征服之前的英国史。他们研究的目的不仅仅是证明英国信教传统的古老，也是为了引起国人对英国盎格鲁－撒克逊时代普通历史的兴

1　Weinberg, 13—14.

2　Tacitus, *The Agricola and Germania*, trans. A. J. Church and W. J. Brodribb (London: Macmillan, 1877), in Medieval Source Book, ed. Paul Halsall, http://www.fordham.edu/halsall/source/tacitus1.html, January 1996, accessed 17 February 2003.

3　Quoted in Reginald Horsman, *Race and Manifest Destiny* (Cambridge: Harvard University Press, 1981), 12.

趣。大主教帕克的同时代人，约翰·福克斯（John Foxe）在他 1563 年的《福克斯殉道者名录》（*Acts and Monuments*）中尤其强调了"作为'选民'的英国的独特性，英国有着追溯到亚利马太的约瑟（Joseph of Arimathea，传说中他到过英国）的教会传统；有着英国宗教改革真正的发起人约翰·威克里夫（John Wyclif）"。[1] 英国革命之后，尤其是君主复辟之后，"英国作为上帝意愿的十字军的代理者的观点消退了"，在英国思想中成为不重要的方面。但是哲学的历史根源更深，尤其植根于英国扩张主义的先驱中。也难怪"美国人从来没有丢掉他们是独特的、被拣选的民族，一个注定要将世界改造得更好的民族的信仰"。[2]

英格兰观点中，盎格鲁－撒克逊人具有的优势，成为美洲殖民者固有的性格。宗教改革之后欧洲作家们加固了两个世纪的政治、宗教的冲突所造成的神话。"作为移居美国的英国殖民者，他们充分吸收了 1530 年到 1730 年建立起来的英国神话的观点。"[3] 殖民移居者不仅仅吸收了一个观点。他们也接受了新出现的民族主义哲学，并受之鼓舞。在使民族主义系统化的努力中，18 世纪欧洲哲学家为那一时期的革命运动提供了火花。在"文化民族主义的赫尔德（Herder）、民主主义的卢梭（Rousseau）、保守主义的博林布鲁克（Bolingbroke）以及自由主义的重农学派"那里发现的思想的多样性都转嫁在美国殖民精神的自然权利领域中。这些哲学家的民族主义学说基本上至少包括了自然权利观点的两个基础之一（通常两个都包括）。第一个原则强调了"群体决定和组织理想的政府形式的自然权利"。第二个原则宣称国家不仅仅是群体权利也是整个人类权利的"自然代理者"。[4] 这一点可以

1　Horsman, 10.

2　Horsman, 82.

3　Horsman, 15.

4　Weinberg, 13—14.

毫不费力地从殖民时期的美国看出来。

在《天定命运与美国历史的任务，一个重新的解释》中，历史学家弗雷德理克·默克将民族主义和扩张主义相联系。他断言扩张主义常常与意识形态相联系。默克对这个观点的确认将早期关于自然权利的写作转变为对扩张主义的意识形态结构的关注。他将扩张主义意识形态广泛的、全球性的清扫总结为他得出的理由："在阿拉伯扩张案例中，它是伊斯兰教；在西班牙扩张主义中，它是天主教；在拿破仑一世的扩张中，它是革命性的自由主义；……"在美国，这些意识形态的等价物似乎是天定命运，主要的形式包括共和主义、民主主义、宗教自由以及盎格鲁－撒克逊主义。[1] 载着殖民者穿越大西洋的智能船舰也改变了并吸取了"自然权利作为美国扩张主义的道德原理的观点"。在早期发展阶段，新到来的美国人倾向于强调自然法则的权利而不是责任。"自然权利的概念首先被新英格兰牧师用来捍卫教会独立的权利。"在 1760 年，这个概念脱离神坛进入到公众讨论中，因为美国开始关心在英国的统治下他们自己的政治权利。这个意识形态的转变在《独立宣言》中的"造物主赋予他们（美国人）的不可分割的自然权利"中达到了最初的高潮，这确认了美国对于其"上帝选民"的信仰。美国人认为，"人人生而平等、独立，这是上帝赋予他们的权利。"基于此，美国人认为"当政府破坏这些自然权利时，就需要革命"。[2]

美国革命最后允许了新的国家诞生并延续了天定命运现象。对这个充满力量的运动的彻底拥护，使人们产生了这样一种误解，以为天定命运是美国特有的现象。早期的美国历史充斥着这样的例子，以天

---

1 Frederick Merk, *Manifest Destiny and Mission in American History, A Reinterpretation* (New York: Alfred A. Knopf, 1963), vii—ix .

2 Weinberg, 16.

定命运为理由，四处以权益的方式将达成目的的手段予以合理化。到1801年，杰斐逊在外交和军事上施加压力，使得拿破仑与其协商新奥尔良以及东部沿海一部分领土的售卖事宜。令杰斐逊惊讶的是，1803年，拿破仑将路易斯安那的广大土地都卖给了美国。这使得杰斐逊意识到他的主要目标：拥有新奥尔良，获得对密西西比关口最后的控制权，因此为世界市场提供有着大量需求的出口产品。[1]对路易斯安那的购买也延续了美国的扩张运动。

扩张主义作为国家认同但没有名头的运动继续着。早在1818年，安德鲁·杰克逊（Andrew Jackson）提出了他对门罗总统的指令的理解，并引导军事力量进入西班牙人管辖的佛罗里达，用他的方式来消灭印第安人；他将行动置于美国自然权利中，以此宣称美国可以得到他们想拥有的一切。[2]对这个仍然没有名头的原则的进一步利用似乎成了美国的一种假设，即它是世界主宰的天定命运。在1822年，门罗主义——警告整个欧洲退出西半球——阐释了詹姆斯·门罗对这个观点的信仰。和门罗拥有相同信仰的人很多，但依然存在少部分对这种观点直言不讳的反对声音，这些反对声音使得这个没有名头的学说变得有争议。

反对运动解释了美国人作为"选民"的另外一面。在1837年给亨利·克莱（Henry Clay）的信中，威廉·E. 钱宁（William E. Channing）——一名社会激进主义分子以及美国一神论运动的领导人物——写道："我们是一个不满足的民族，倾向于侵犯，对进步的一般法则是不耐烦的。"钱宁害怕国家在自然法则的名义下扩张边界的力量会带来悲惨的

1　David Goldfield et al., *The American Journey, A History of the United States* (Upper Saddle River, NJ: Prentice Hall, 1998), 261.

2　Goldfield et al., 277.

结果。"我们以自己迅速的增长而自豪，"他在信中说道，"忘记了在自然中，宏观的增长总是缓慢的……已经因为我们的伟大而变得危险，我们的发展伴随着即将来临的对我们的机构、团体、财产、美德以及和平的威胁……贪婪的国家就像是抢夺的赌徒和强盗。"[1]然而，反对者似乎使得学说的支持者更加大胆，此时它才公开地浮上台面。

那个时代大多数美国人观念的特点不仅仅在约翰·奥沙利文1845年在《民主评论》(*Democratic Review*)中的评论可以看出，在同年发表于同一期刊中的另一篇文章中也能看到。这篇文章也强调了德克萨斯兼并事宜，并证明了新增州的正当性。"德克萨斯已经被纳入联邦，这是使我们的人口向西流动的一般规律不可避免的实现。"奥沙利文主张，"德克萨斯从墨西哥分离出去是一系列事件的自然过程，对它的兼并是通过一个完全合理的过程，不仅是必然的，也是最自然、最正确和最合适的。"[2]这篇文章出现在这个特定的《评论》期刊中并不是巧合，因为这正是最终给被认为是美国的权利的东西——我们的天定命运——命名，并因此也是为其提供正式辩护的期刊。

美国已经扮演了霸权的先驱者，历史被设定为在"天定命运"的名义之下进行。这是一个学说如何以及什么时候获得名头，并最后获得合法性及最终权力的经典案例。诉诸上帝的社会改善的理想主义远景与美国19世纪中期民族主义的自负结合在一起，满足了美国统治整个西半球的意识形态需要，正如门罗所说的一样。这根本上基于美国拥有上帝神圣的意愿的观念。对上帝意愿，即美国在整个大陆上的

1　Quoted in Michael T. Lubragge, "Manifest Destiny: The Philosophy That Created a Nation," in From Revolution to Reconstruction, http://odur.let.rug.nl/~usa/E/manifest/manif1.htm, updated 6 March 2003, accessed 12 March 2003.

2　Quoted in Lubragge, "Manifest Destiny."

扩张以及最终对国家的控制的强烈信仰引导着人民的命运。"征服土地并使之基督教化是白人的职责,"正如凯普林(Kipling)在19世纪末所预期的。它丰富了清教徒"山巅之城"的概念,并使得天定命运更加世俗化,即使它仍是一个物质主义的、宗教的以及乌托邦的天命。[1]

这最终导致了对于外国人越过国界威胁美国安全的担心。最合理的答案是占领这些边界周边的土地并进行扩张。当阿尔伯特·T.贝弗里奇(Albert T. Beveridge)在美国参议院怀着极大的确信提出"盎格鲁-撒克逊(美国)是注定要统治世界的",并进一步提出"上帝让我们去为混乱的地方建立体系,从而组织、管理这个世界"时,这一点就很明显了。[2]贝弗里奇如此大胆地将国际维度引入美国天定命运,此举为1867年以720万美元从俄国手中购买阿拉斯加州提供了正当理由。在从拿破仑手中购买路易斯安那州之后,成为一个世界统治者的价格就上升了!另外,不仅仅是价格,对于这个学说的嚣张气焰也在随着西班牙-美国战争之后的扩张主义热情的增长而膨胀。国会甚至要合并所有的西班牙领土。那个时代的媒体也极力鼓吹合并西班牙。

美帝国主义的野心在其他扩张主义者身上也体现出来了,包括西奥多·罗斯福(Theodore Roosevelt)、前总统哈里森(Harrison)以及海军上校阿尔弗雷德·T.马汉(Alfred T. Mahan)。后者关于在国际事务中海军力量的重要性的专著是非常有影响力的。这样的观点又一次刺激了不知足的欲望,并且美国在1898年决定控制并占领夏威夷——与一个世纪以前占领佛罗里达并没有什么不一样。1959年,当美国将夏威夷合并为它的第五十个州时,美国对这些岛屿所谓的使

1　Lubragge, "Manifest Destiny."

2　Quoted in Lubragge, "Manifest Destiny."

命才完成。[1]

美国历史上对美国人民的两种观点——受到上帝旨意的引导去进行国家扩张，或者是基于一种自然权利进行扩张——是相互补充的。而且，这两点使他们的行为变得正当。作为一个民族，我们接受了一个没有名头的，但是无人不知的学说，并且将它变成我们自己的一部分。正如之前的历史，我们接受概念、意识形态以及政策，改变它们使之适应自己的需要，并将其实施于我们的国家中。

尽管这个过程不是完全有害的，但它阻碍了我们对美国历史作为世界历史一部分的理解和检视，以及我们对自己民族历史的理解。当试图理解命运的哲学以及成为一个"选民"的涵义时，拓宽我们的视野并关注于一个更广阔的背景是最有用的。如此，我们才能理解美国并没有创造一个新的学说，而只是美化了早先的"选民"的原则以及他们自己对于自然权利和民族主义的理解。这个哲学始于斯多葛学派的希腊哲学。从这个角度看，所有的社会都需要用天定命运来服务于这个国家和民族更高的目的。这个观点并不难理解，因为"值得一切事物的任何国家，都有或者将要有国家命运的一些理想，如果没有这个理想，那么这个国家将会消失并且走上自己命定的道路"。[2]

参考文献

Adams, Ephraim Douglass. *The Power of Ideals in American History*. New York: AMS Press, Inc. 1969.

Barker, Ernest. *Traditions of Civility*. Cambridge: Cambridge University Press, 1948.

1　Lubragge, "Manifest Destiny."

2　Adams, 68.

Haynes, Sam W. "Manifest Destiny." In The U.S. Mexican War (1846-1848). http://www.pbs.org/kera/usmexicanwar/prelude/md_manifest_destiny.html. Updated 6 August 1999. Accessed 12 February 2011.

Horsman, Reginald. *Race and Manifest Destiny*. Cambridge: Harvard University Press. 1981.

LaFeber, Walter. "The World and the United States." *The American Historical Review* 100 (October 1995): 1015-1033.

Long, A. A., ed. *Problems in Stoicism*. London: The Athlone Press. 1971.

Lubragge, Michael T. "Manifest Destiny: The Philosophy That Created a Nation." In From Revolution to Reconstruction. http://odur.let.rug.nl/~usa/E/manifest/manifl.htm. Updated 6 March 2003. Accessed 13 February 2011.

Merk, Frederick. *Manifest Destiny and Mission in American History, A Reinterpretation*. New York: Alfred A. Knopf, 1963.

O' Sullivan, John L. "Annexation." *Democratic Review* 17 (July and August 1845). In *Manifest Destiny and the Imperialism Question*, ed. Charles L. Sanford, 26-34. New York: John Wiley & Sons, 1974.

Pratt, Julius W. "The Origin of 'Manifest Destiny.' " *The American Historical Review* 32 (1927): 798.

Sanford, Charles L., ed. *Manifest Destiny and the Imperialism Question*. New York: John Wiley & Sons, Inc. 1974.

Tacitus, Publius Cornelius. *The Agricola and Germania*, trans. A. J. Church and W. J. Brodribb. London: Macmillan, 1877. In Medieval Source Book, ed. Paul Halsall. http://www.fordham.edu/halsall/source/tacitusl.html. January 1996. Accessed 30 April 2006.

Webb, Walter Prescott. "The Frontier and the 400 Year Boom." In *The Turner Thesis concerning the Role of the Frontier in American History*, ed. George Rogers Clark, 87-95. Boston: D. C. Heath and Company. 1956.

Weinberg, Albert K. *Manifest Destiny: A Study of Nationalist Expansionism in American History*. New York: Johns Hopkins Press. 1958.

这篇文章中需要注意的地方

本文更多的是一篇史学论文而不是传统的历史文章。尽管如此，它仍然给出了作者引用的原始史料、二手史料和作者自己的解释来使论文得出这样的结论：天定命运并不只是美国历史中的一种现象。文章不仅仅是把原材料拼凑粘贴在一起。作者对材料进行了思考，并且得出了某种解释。她从材料中推断出了很多，并且把一些哲学家和历史学家的著作当作原始史料。

作者的观点是明确无误的：她指出一个存在已久的对美国历史的解释长期束缚了大众对历史的想象力，而她对历史的理解则完全不同。她识别出这一短语的来源，然后追溯其本质思想，通过英国历史直到它古老的根源。她判断出了这些思想对美国历史的影响，但她没有向读者鼓吹这些思想。一位历史学家可以判断过去的某些想法或行为是好还是坏。历史学家总是做这类事情。但在历史著作中宣泄自己的情绪是不可接受的，影响读者的应该是你的证据和你的逻辑而不是你的情绪。读者不是为了去看作家的混乱和自以为是，而是为了看到关于美国历史的基本想法是如何实际地让美国置于全球史的广阔背景中。你应该像松内保女士一样，信任你的读者。

这篇文章从头到尾均给出了引用的出处，以便读者可以查找他们希望了解到的证据。要特别注意松内保女士是如何使用原始史料的，其中一些来自于互联网，另外一些来自其他人的著作。这有助于防止你将其他历史学家关于天定命运的文章拼凑在一起形成你的文章。这种技术是非常有价值的，特别是当你获得的原始史料有限时。作者在处理史料时所体现出的思想性足以使我们感到，我们从某位努力成为美国历史重要方面的权威的人身上学到了一些重要东西，并且使我们理解这项事物具有何等重大的历史意义。

在学习该样本文章后回答下面的问题。你也应该对你自己写的文章提同样的问题。

□ 样本研究文章的作者自查清单

□ 文章开头的哪个或哪些句子表达了作者的论点，即整篇文章的主要思想？

□ 作者如何使用引文？为什么她使用较短的引文，而不是通篇使用大段的引文？她在哪些地方似乎以使用释义代之？

□ 脚注使用了什么格式？为什么有时格式会改变？

□ 作者在哪里使用了二手史料？你能说一说她在哪里对一些二手史料提出了不同看法吗？

□ 作者在哪里做了推论？或者说，她在哪里对文本本来不明确的意思做了合理的建议？

□ 文章中的哪个段落主要是叙述？作者在哪里使用了说明？

□ 文章中用于说服的论点在哪里？

□ 哪些是作者做出的她自己清晰的判断？

□ 作者在哪里使用了明喻和暗喻以形成好的效果？

□ 文章的结论以什么方式照应了开头的一些观点？

附录 B　撰写评论

评论是历史学者专业性历练必不可少的一环。著作评论以及对网站和其他历史学家工作的回顾均代表了对其他历史学家努力的评价。撰写评论同样也是训练自己了解历史学科如何运作的一种很好的方式。但这种写作通常是非常复杂并且要求很高的。评论通常包括对著作（或其他形式的作品）内容的概述，它们也对作品进行评价，即对作者的逻辑和语言组织，以及证据和结论，甚至作者的写作风格等问题进行讨论。

评论作为写作的一种特殊形式

尽管撰写评论确实需要很多我们在本书中讨论过的相同的写作技巧，但它仍然是历史写作的一种特殊形式。在写作中，你需要对其他作者的历史观点进行概括、评论，同时也要将你自己的结论展示给其他历史学家。这些努力将使你参与到历史课题的争论中。这就是许多学生被要求在课堂上撰写评论的原因。但是，需谨记，评论不止一类，方便起见，本文将其分为通俗性（popular）评论、学理性（academic）评论和学术性（scholastic）评论。

通俗性评论通常是写给拥有一个广泛的且受过良好教育的读者群的刊物，比如《大西洋周刊》《哈珀》《新共和国》《纽约评论》及其他相似期刊。一些报纸，比如《纽约时报》和《华盛顿邮报》等，也在其版面上刊登相似的评论。有时，通俗性评论覆盖面宽广，通常超出了一本书或其他形式的作品的内容，还包括它在评论人心中激起的议题。因此，一些通俗性评论对特殊性话题采取了延伸评论的形式，不仅包括受评书籍与任何其他资料当中的主题，甚至偶尔包括该主题的某个特定方面。尽管通俗性评论通常比较有趣，但是并不总能提供你被要求撰写的评论类型的范本。

其他两类评论作为对你自己写作的指引是更加重要的。第一种，即学理性评论，通常发表在专业性期刊上，比如《美国历史评论》《世界史杂志》或者《历史学家》。学理性评论针对专业读者，篇幅上较通俗性评论更短，通常在 500 个单词左右。在特定情况下，历史期刊可能会刊发 1 至 2 篇稍长的评论文章，这会更接近前面提到的通俗性文章。但是，对于历史学家而言，这些评论文章通常关注评论者从所思考的书中提炼出的重要的学术问题。我们建议你去阅读历史学期刊和 H-Net Reviews 网站（网址为 http://www.h-net.orglreviews）中的评论文章。这样你会了解历史学家通常准备以及呈现评论文章的方式。

你可能会在一门或几门课程中被要求撰写书评，这些书评应该和下文中的例子有一些相似点。我们把这种课堂作业称为学术评论。它们通常比大部分学术评论要长但也是面向学术型的读者：你的导师以及同学。在某些方面，它们更像我们之前提到的有时出现在学术杂志上的评论文章。你的导师可能会对在这样一篇评论中应该出现什么内容提供详细的指导，如果是这样的话，你需要注意它们。不论你具体要写关于什么内容的评论，这里有一些一般性的指导方针，可以帮助你更好地写作。

1. **读书**！这似乎不言而喻，但它或许仍然是对撰写评论最重要的建议。有时即使是专业的历史学家也不读他们在杂志上评论的书籍。从愤怒的作者写的批判文章中可以看到他们的错误，偶尔你会在历史杂志上发现这种信息。不要让这样的事发生在你身上！如果你查找并阅读与你要评论的那本书有关的一篇或多篇学术评论，你可以学到很多东西。但是，这不是阅读这本书并做出自己的判断的替代品。同时记住：基本的诚实要求你在借鉴别人书评中的想法或是引用其内容时，对此做出说明。我们在第 1 章中对释义（以及剽窃）的注意事项的说明同样适用于你的评论！

2. **介绍作者，但不要把时间浪费在不必要的或过分的说明上**。作者具有"足够的资质"来写一本书，是一个老生常谈的说法，这样的评价不能为你的评论增加任何亮点。你可以简单地介绍作者的背景，或者是他在创作你评论的这本书的过程中所做的工作。但是，不要过度说明这一点，三两句话就足够。

3. **时刻考虑到作者的主旨、论点以及写作的动机**。你对该主旨或论点的评论是什么？思辨性地阅读这本书。请务必阅读导论或前言。时间紧迫的学生可能会跳过导论，以为自己节省了时间。这可能会成为一个严重的错误。作者经常在导论中陈述他们写书的原因。事实上，我们建议你在阅读一本书的正文之前，浏览一下前言、导论和最后一章。很少有作者舍得不在书末留下结束语，他们希望确保读者抓住了要点！评论者应该利用好这一点。

有些学生反对我们让他们首先阅读最后一章的建议。我们提醒他们，历史书不是小说，优质的历史书籍以及短一些的论文，几乎从来没有惊喜的结局。通过阅读最后一章，你可以看到作者是怎样行文完成整本书的。永远记住，书的主旨和论点与书的主题并不是完全一样的。一本书的主题可能是二战期间英国首相温斯顿·丘吉尔的传记。但是它的主旨或论点可能是丘吉尔是一位伟大的战时领袖，但是却对战后世界形势的理解欠佳。

4. **做出总结，但只需简要地提及作者用来支持论点的证据。** 不要像写报告那样来写对书的总结。这种做法很少能转化为一个成功的书评。不要试图向读者汇报书中每一个有趣的细节。留下一些供读者自己发现。但是讲述一些有趣的事件常常是一个好主意。讲述一两个来自书中的故事。你也应该好好考虑作者采用的证据类型，尤其是原始史料。

5. **考虑在你的评论各处引用一两行文字来展示文章的风格。** 有选择性但公平地引用。你所评论的书的作者的论调可以让你的评论更加生动，但要避免过多地引用。你必须向读者展示出你已经吸收了你阅读的这本书的内容，并且已足够理解它，从而能够用自己的语言描述作者的想法。

6. **避免对文章的风格过多的评论。** 说它的风格是好的、坏的、有趣的或乏味的都可以。如果一本书写得特别好，或者如果它是不好理解的，你可以引用一句话来说明这个好或坏的风格，但不要过多地阐述这一点。诸如"这本书很有趣"或"这本书很无聊"的概括无助于提升你的评论水平。如果你很用心地写了评论，读者可以分辨你觉得它是有趣还是无聊。同时请记住，如果你觉得无聊，错误可能在于你，而不是书。当我们中的一人说读希腊哲学家普鲁塔克很无聊时，一位田纳西大学的古代史教授严厉地指正："马里厄斯先生，你没有权利觉得普鲁塔克无聊。"我们都认为导师是正确的。

7. **不要觉得指出书中负面的东西是被迫的。** 如果你发现不准确之处，就指出来。如果你在某些方面不赞同作者的解释，也可以说出来，给出你的理由。但是，应该避免对书带有情绪的攻击。学术并不总是彬彬有礼，但它应该是这样的。发动野蛮攻击的评论者通常使自己成为傻瓜。请记住，对书的小吐槽也可能让你看起来愚蠢或不公平。不要浪费时间指正很小的错误，除非它们改变了作者的意图。永远记住，每一部优秀的历史学著作都有缺陷。作者可能会在史实或是有争议的判断上犯一些小错误。即便如此，一本书可能是非常有价值的。不要因为你发现的一些错误而彻底地否定一本书。试着从整体上评判一本书或其他历史作品。

8. **评论作者呈现的内容。**你可能希望作者写的是另一本书。你可能自己写另一本书。但作者已经写了这本书。如果这本书并不需要被写，如果它对增加我们在这个领域的知识毫无帮助，如果它得出了无法被证据证实的结论，你可以指出来。但是，不要在评论这本书时就好像它应该是另一本书。

9. **尽量从你自己的经验——你的阅读、你的回忆、你的思想、你的反应——中借鉴一些东西到你的评论中。**如果你正在评论一本关于 20 世纪的中国的书，并且如果你有幸曾经去过中国，你可以把自己有关中国的印象加到你的评论中。在撰写评论时请尝试广泛运用你的教育背景。如果你已经在其他课上阅读过一些与你现在的专题有关的书，可以在你的评论中谈谈这些书。如果你知道一些作者忽视的事实，请指出来。但要避免显得好像你独立地获取了有关作者的课题的知识，而实际上这所有的知识都是你从本书中学到的。当你并不是一个专家的时候，不要假装你是。诚实一点。

一个学生的评论范例

　　下面一篇对托马斯·弗莱明（Thomas Fleming）的《华盛顿的秘密战争：福吉谷隐藏的历史》（*Washington's Secret War: The Hidden History of Valley Forge*）的评论是我的一个学生布兰迪·阿诺（Brandy Arnall）写的。认真地阅读她写的评论，考虑我们之前提到的有关写评论的建议。

托马斯·弗莱明对于另一场战争的发现

对托马斯·弗莱明的《华盛顿的秘密战争：福吉谷隐藏的历史》的评论

作者：布兰迪·泰勒·阿诺

东田纳西州立大学

2008 年 4 月 17 日

历史 3410：历史学方法

梅尔文·E. 佩吉 教授

托马斯·弗莱明在 2005 年出版的《华盛顿的秘密战争：福吉谷隐藏的历史》中提供了一种现代的、富有启发性的有关乔治·华盛顿将军和福吉谷的解释。通常人们对华盛顿的认识过于简单化，认为他是一名长期遭受苦难的将军，1777 年冬季至 1778 年在福吉谷什么也没做，只是在写给各州州长和大陆政府国会议员的信件中表达对他的军队的悲痛。在弗莱明对福吉谷的研究中，他惊奇地发现乔治·华盛顿的另一面：

> 华盛顿并不是长期遭受苦难的将军，他在福吉谷的六个月什么也没做，只是在信件中为他手下挨饿的……士兵的境况表示哀痛……他不仅面对他的军队瓦解的危险，还忍耐着他作为一个领导者和爱国者声誉的毁坏，并用勇猛和策略反击了他的敌人。（xii）

弗莱明在他的书中提出华盛顿将军是一位政治家，并且是很出色的一位。作者为这一论点提供了论据，包括哪些人是华盛顿的敌人，他们的动机，以及将军是如何应对各种攻击的——他一直在福吉谷指挥他的部队。弗莱明还提供了那些华盛顿的支持者的例子，以及华盛顿如何将这种支持转化为优势。

作为一位著作等身的作家，弗莱明同时精于写作小说和历史论文，其中有一些历史论文是受国家公园管理局委托。他的大部分作品，不论是小说或非小说，都是关于美国历史上军事的方方面面，并包括早期关于华盛顿的一部传记《他们心中的领袖》（1984 年）。他清楚地承认他对美国历史上发生的真实故事的迷恋，他说他"得出了一个无可争辩的结论：历史充满了惊奇"（xi）。弗莱明在这本书中提及的主要的惊奇之处不仅是华盛顿有敌人，而且有非常多敌人，其中包括大陆军与大陆会议的领导人员！他对华盛顿将军的描绘不是老一辈所熟悉的简单的叙述，而是使用了从先前未被研究的信件和日记中收集的证据。通过这项研究，弗莱明确定了福吉谷时期华盛顿的主要对手。华盛顿的敌人名单包括但不限于霍雷肖·盖茨（Horatio Gates）将军、托马斯·康威（Thomas Conway）上校、军需处长托马斯·米夫林（Thomas Mifflin），和塞缪尔·亚当斯（Samuel Adams）。

这本书将华盛顿和盖茨、康威以及米夫林的战争描述为这三者为了权力和自我扩张而进行的雄心勃勃的斗争，尤其是盖茨。这三个人通过他们的努力形成了可以被描述为联盟的组织。当华盛顿和军队在福吉谷进行冬季修整时，他们三人的主要目的似乎是要让华盛顿将军看起来像是需要对大陆军处于当下不利境况负责的傻瓜。他们三人似乎总是试图用"地下的"工作方式来反对华盛顿，以便在被要求对他们的行为负责时保护自己。弗莱明在作品中描述此事时，提及了他们每个人在大陆军中的职责，以及他们如何未能达到其职责对他们所要求的高标准。正如弗莱明向他的读者所展示的，这些人常常是因为骄傲和对华盛顿的嫉妒而故意达不到标准的。弗莱明做了一项出色的工作，就是提供了这种失职的例子。其中一个例子是盖茨在萨拉托加的胜利。据弗莱明对信件和交战记录所做的研究，盖茨从未告知华盛顿将军这次胜利。这说明盖茨不仅漠视总司令，而且不尊重他。

这些人不但未履行自己的职责并试图指责华盛顿，而且他们也参与了在背后对将军的指指点点。弗莱明举出的一个典型的例子是，在康威写给米夫林的一封信中，华盛顿被描述为一位无能的将军，有着很糟糕的军事顾问，并且如果不是因为"天意决定拯救这个国家"，他将会毁掉一切（116页）。当这些话传到华盛顿耳朵后，盖茨和康威做了他们各自所能做的一切来让自己看起来是无辜的。这些只是弗莱明在书中提供的有关这些人反对华盛顿的一切行动的尤为详细的两个例子。这本书值得一读，以便你了解更多！

另一个出现在这场反对华盛顿的秘密战争中的人是塞缪尔·亚当斯。事实上，这并不是塞缪尔·亚当斯一个人的战斗，他从新英格兰带了帮手。亚当斯和他的支持者认为他们自己是"真辉格党人"，并与华盛顿在一系列哲学问题上发生了冲突，包括对美国革命中爱国主义的定义。新英格兰人有一个极端的信念，他们认为士兵和美国人民应该只被对自由的追求所激励，并应该仅仅基于这一信念参加革命。但是，华盛顿认识到即使是被自由激励的人也会有最终需要被满足的经济需求。弗莱明的有关华盛顿与这些新英格兰人的争斗的见解填补了美国革命研究中经常被忽视的一个部分。

在这些以及其他例子中，弗莱明用他引人瞩目的研究展示了华盛顿是怎样处理这些事例以及他书中的更多事例的。这是弗莱明为他的论点即华盛顿是一位卓越的政治家提供的证据。需要注意的是本篇评论只是强调了华盛顿担任总司令时遇到的一些逆境，但弗莱明在书中贯穿始终地展示了华盛顿冷静应对的每一次考验。作者认为，华盛顿从始至终的主要目标是，绝不让公众知晓任何在那些所谓的爱国者之间的不团结。弗莱明认为，华盛顿了解上述事情的曝光使得英国人看到内部分裂是有害的，并且对不愿意革命或者对革命不坚定的大部分美国人是有害的。在这本书中弗莱明向人们展示了华盛顿充分了解任何时候发生在他周围的事情，并且知道如何处理这些事情以使美国受益。

通过呈现这些抹黑华盛顿的例子以及将军是如何处理这些事例的，弗莱明成功地为他的论点提供了可信的证据并使这本书成为历史教学中的一个成功的尝试。作者把各个部分分解为容易阅读的小故事，而不是枯燥地列举出一系列史实，这为读者提供了愉悦的阅读体验。在《华盛顿的秘密战争》的第二和第九章中，弗莱明非常详细地介绍了华盛顿在费城英式的、安逸的生活，而几乎没有提及华盛顿和"秘密战争"。弗莱明似乎是想通过提供有关在费城的英式奢侈生活方式的信息，来与华盛顿是怎样秘密地处理冬季发生在福吉谷的事件形成一个戏剧性的对比。作者在这两章的做法是可以理解的，但这可能使那些极度好奇、想直接了解"秘密战争"并深入其中的读者感到沮丧。这是一点小小的指正，但完全不能掩盖弗莱明在这本书中所做的工作的价值。

这本《华盛顿的秘密战争》中的另一个亮点是，在第82页和83页之间有一套图，上面展示了与华盛顿作对的卓越的敌人们，并有图注解释图上有哪些人，他们的军衔或在国会的头衔，以及此人在参与反对总司令的"秘密战争"中具体做了什么。此外，这一套图中还介绍了一些对华盛顿最有助的盟友并附上了他们做过什么事来支持将军的信息。需要注意的是，弗莱明在书中也介绍了这些支持者并展示了他们如何在这样一场秘密进行的反对华盛顿的战争中给予他帮助。这是作者在书中展示的使得此书值得一读的又一个惊喜。这本书的另一个优点是它的注释部分，这一部分整洁有序，并使得查阅弗莱明其他的学术资源非常容易。弗莱明证据的充分的注释也为他在写作《华盛顿的秘密战争》时所进行的研究提供了可信性，并为那些想对这个话题了解更多的读者提供了一个起点。

总体而言，弗莱明精心撰写的这本书提供了一个看待乔治·华盛顿将军的新鲜的视角，并破除了很多关于此人和福吉谷的传言。这本书是为那些对"讲述历史的真相"有兴趣并致力于此的读者所写。弗莱明在努力地提供一个有关华盛顿实际上是什么样的人，以及现实中美国大革命时期发生了什么的更诚实的看法。这不是一个每个人都绝对地喜爱华盛顿的故事，也不是所有美国人都为"美国的独立"牺牲的故事。弗莱明通过揭示华盛顿经历的秘密战争展示了美国革命非常人性化的一面。基于这些原因，我会极力推荐这本书给学历史的其他学生。

这篇评论中需要注意的地方

这篇评论是怎样符合前文提到的指导原则的？它有没有缺少上述的哪一条，如果有，那么，这篇评论因此逊色了吗？在哪些方面，这是一篇评论，而不是一篇读书报告？在阅读完这篇评论后它给你留下了哪些印象？是否有一些悬而未决的问题让你不想阅读这本书？或者你是否想之后去找这本书来阅读以便了解更多有关它提到的美国革命的话题的信息？

当你思考这些问题以及研究你刚刚读过的这篇评论时，还要考虑下一次当你被要求评论一本书（或其他形式的历史材料）时你将如何去做。你也可以将下面的自查清单当作准备你自己的评论的一个指导。

☐ **评论的作者自查清单**

☐ 我的评论提供了我读过这本书的证据吗？

☐ 我充分识别主题或论点了吗？

☐ 我把用来支持中心论点的论据和论证解释清楚了吗？

☐ 我适当地考虑作者的写作风格了吗？

☐ 我对作者作品的判断是适当的和可靠的吗？

☐ 我评论作者所写和所呈现的东西了吗？

☐ 我的评论中包含一些我自己的见解吗？

附录 C　短篇论文创作

在许多历史课上，你可能会被要求就一些具体问题写一些简短的文章。例如，我们经常要求学生就我们在一个课堂上布置的阅读任务写不超过五百个单词（或两页纸）的短文。这些文章以及许多类似的任务，都是为了鼓励你对一些文献、历史文章，甚至期刊文章进行思辨性的阅读，并且在你的文章中好好地思考它们。通常这样的作业是提前布置好的，所以你可以有针对性地计划你的阅读和研究。有时候它们可能在你阅读或研究材料（你被要求依据这些材料写作）之前公布。另外一些时候，非常相似的问题可能成为论文考试的基础，在这些考试中要求你认真思考自己学过的东西。

我们曾经安排过的一个这种提前布置的作业是基于学生对基督教君主阿姆达·塞约恩（Amda Seyon）（1314 年至 1344 年统治埃塞俄比亚）的皇家编年史的摘录的阅读。我们让学生写一篇五百字的论文，比较阿姆达·塞约恩抵抗伊斯兰入侵的努力和几乎同一时期欧洲和其他地区类似的情况。在另一项作业中（有时会在课堂上介绍，作为一个即兴讨论的前奏），我们邀请学生们研究扬·范·艾克（Jan van Eych）1434 年的画作《阿诺费尼夫妇》（*Giovanni Arnolfini and His Bride*）。然后，我们要求他们写一篇关于范·艾克所描绘的人物以及他们所折射出的中世纪欧洲商人社会地位的短文。[1]

1　这些文件的复印件和介绍性的讨论请见 Dennis Sherman et al., *World Civilizations: Sources, Images, and Interpretations*, 3rd ed. (New York: McGraw-Hill, 2002), 230—231, 243—244.

这些短文与我们在本书中讨论过的其他种类（通常较长）的文章有些不同。它们实际上更像要在给定的时间内完成的作文考试，并且你必须依靠你的记忆，因为通常没有笔记、书籍、图书馆资料室，或是因特网的帮助。作文考试能测试出你知道什么以及你如何看待你所知道的。它们在一定程度上是一种人工创作；历史学家通常不是在标准的作文考试的形式中进行写作。他们写作和修改，回到自己的史料上，并再做一些修改。所以作文考试经常是对你在历史课程中学会了多少知识最全面的测试。它们是西方学术中很重要的一部分，毫无疑问你已经有很多关于它们的经验。最好的考试让你展示你对事实的知识，论证关于这些事实的史料，并且证明你可以对它们做出结论。

也许准备撰写这些短文（包括考试作文）的最好的方式是研究分配给你的阅读材料、勤奋地上课，以及认真做好笔记。无论在课堂或是在阅读中，最好的做笔记的方式就是在笔记本或手机上用关键词或短语记下重要概念。下课后或一段阅读之后，立即回顾一下你最初的笔记，以这些原始笔记为基础，在一个新的文件中写出教授讲了什么或你自己读到了什么。如果一些东西不清楚，你要问其要点是什么，并使用参考书，尤其是你的课本，以确保你理解了这些知识。当然这一切都需要花时间，并且在校大学生都很忙，他们中的很多边工作边学习。你很难有时间在做完笔记之后及时复习它们。但是如果你强迫自己这么做，你会发现从长远来看你节省了时间。

养成复习笔记和课程的习惯会加深这些信息在你大脑中的印象。你将十分熟悉自己所做的笔记，而当你要完成写一篇短文的作业或临近作文考试时，你可以轻松面对，而不是去临时抱佛脚。你已经知道了大部分的材料！你可以和同学们从讲义以及你们的阅读中一起整理出一个全班笔记的集合。在我们的经验中，那些一起学习和讨论的学生更有可能在他们的论文中取得优异的成绩。在我们看来，这并不是剽窃，而是历史研究中的合作精神的反映。

如果你提前知道了一篇短文的问题，研究它。如果你只是在开始写文章前的很短时间内知道问题，你仍然可以为你收到的问题做准备。要特别注意教授在课堂上强调的内容。试着想一想，如果你是教授你会问什么问题。记住，教授通常认为如果他们花了大量时间在课堂上讨论一个问题，他们一定是希望学生对它有所了解！如果你写出自己的问题，你会惊讶于自己有时可以多么好地读懂教授的心思。一旦你知道了文章问题，一定要按照指示仔细地看问题。我们往往惊讶地发现一直以来很多学生没有仔细看问题，以至于写了一篇与话题几乎无关的文章。

在看问题时，确定这些问题分别需要什么样的历史写作模式。你的首要任务可能是讲一个故事："追溯马丁·路德从 1517 年关于赎罪券的辩论到 1521 年出席沃木斯会议的一段生涯。"你需要叙述从 1517 年至 1521 年的一系列事件，小心选择路德的这一段生涯中最重要的几步。或者你可能会被要求解释一个事件、一份文件或者某一个人物的历史意义："讨论孙中山的英雄形象对于中国共产党发展中的意识形态及其对于'国民党'的意义。"要回答这个问题，你必须首先解释当孙中山成为领导中国努力摆脱欧洲帝国主义束缚的领袖时，他的"英雄形象"是什么。然后，你需要叙述他的计划包括什么，以及毛泽东领导下的共产党和蒋介石领导下的国民党为了各自的目的接受他的信息时又对其做了怎样的修改。你可以通过解释这些修改为什么以及怎样在中国历史中起着显著的作用来完善你的阐述。

与意义的问题相关的是比较的问题，这是很多历史教授都喜欢问的。实际上，教授会用一个问题来考察你两方面的答案！你需要展示你头脑的灵活性和对两部分知识的掌握程度。例如："比较同样是在 1516 年完成的托马斯·莫尔（Thomas More）的《乌托邦》（*Utopia*）和马基雅维利（Machiavelli）的《君主论》（*The Prince*）。"再次，你需要写一个总的阐述，在这个例子中你需要解释这两本书中的主要观点，认识到莫尔和马基雅维利都提倡改革。你也会强调他们想要的改革是有差异的。你可以通过评价两种改革方案分别对中世纪欧洲产生了什么影响来得出结论。为了进行比较，你还可以解释二人如何从根本上属于不同的人，虽然他们生活在同一时期的相同文化中。

其他短文的问题可能会要求你据理力争，用你掌握的信息说服你的教授。这些文章是困难和具有挑战性的。你可能会遇到这样的问题："20世纪60年代的哪位非洲国家领导人为他的国家提供了从殖民统治中独立出来后二十年中最好的政府计划？你有什么论据来支持你的观点？"无论你选择克瓦米·恩克鲁玛（Kwame Nkrumah）、朱利叶斯·尼雷尔（Julius Nyerere），或其他非洲领导人，你都需要构建你的文章，合理地阐述为什么会选择他。但要记住，历史学家很少去证明毫无疑问的事情。你不可能在一篇短文有限的篇幅中解决所有的不确定性并消除所有的质疑，这在只有几分钟的短文考试中当然也是无法办到的。但是，你可以说明你了解材料，并仔细思考过它，而且可以对其含义提供有说服力的解释。一如往常，在陈述你的观点时，你应该展示你对相反观点也有一定的了解，并说明你为什么不同意它们。

我们最喜欢的关于短文的问题是让学生分析一个重要的文本。你的导师可能从一份著名的历史文献中节选一个段落，并要求你写一写它的涵义。这样的问题可以更具体一些。我们最近给学生出的一道题是这样的：

欧洲哲学家弗朗西斯·培根（Francis Bacon）在17世纪初期注意

到"力量、美德和发现的影响……在古代人知之甚少的三样发明，即印刷术、火药和罗盘上体现得最为显著。因为它们已经在世界范围内彻底改变了事物的面貌和状态。"你会同意培根的观点，即这些技术创新的发展和传播对世界历史有如此深刻的影响吗？

这个问题不仅需要学生仔细思考一些很具体的问题，也需要他们思考其意义。我们的一个学生，比尔·汉姆莫克（Bill Hembrock），最近在一门关于"1500年以前的世界历史"的课程的考试中写了一篇历史短文回答这个问题：

> 这三个发明是从中国被带到西方的，它们出现在中国的唐宋时期。传播到西方之后，它们对1500年之后欧洲在全球范围内提升自己的实力起到了重要作用，正如培根所说的那样。
>
> 最初在中国发明的火药并不是非常有效的军事武器。它通过蒙古征服者被带到西方，正如本特利和齐格勒（Ziegler）在《文明的传承与交流》（*Traditions & Encounters*，是该课程的课本）中描述的，在那里火药技术被改进，最早的炮弹被投入战斗。此后，来自欧洲的水手和探险家们发展了火药技术以帮助他们征服探险中所遇到的民族以及建立帝国，就如葡萄牙人在非洲，西班牙人在美洲中部、南部与北部，以及英国人在印度所做的。
>
> 磁罗盘也是在中国发明的，但是，正如这本书所指出的，它首先是通过印度和非洲的水手传遍印度洋的，他们使用罗盘和利用信风极大地促进了整个印度洋（从北非、东非和印度到东南亚和中国）的贸易。终于，这项技术传到了欧洲航海家手里，他们用它来探索海洋的其他未知领域并最终使整个世界连为一体。从此思想、疾病、习俗和

宗教可以在地球任何两个地方之间进行交流和传播。

　　本书也指出，印刷术在中国被发明，但是是在欧洲得到发展。通过传播培育不同农作物的新技术的信息，印刷术促进了欧洲13世纪至15世纪的农业发展。《圣经》的印刷也有助于传播信仰和统一基督教世界。欧洲是由基督教联合在一起的，教会通过神圣权力、共同信仰和教会实践管理民众。

　　相比于世界其他强大的帝国，欧洲曾经是一个政治分裂并且落后的地区，尤其是在罗马帝国崩溃之后。通过采取上述三项发明并发展它们以适应需求，欧洲国家成为1500年之后世界的发现者和强大的帝国。

　　请注意，作者是如何以一个简短的段落开头，并给出了一个具体地指向问题中引用的文本的中心论点。他在这之后分别用三个关于培根提到的三种发明的段落，分析每种发明的意义。并且他通过再次提到他的中心论点来总结自己的论证。他还提到了这门课程指定的课本，并从中找到了很多信息，这与在较长的文章中引用史料是相似的。

　　写出结构平衡的任何短文都需要提前研究和准备，在你拿到问题之后要仔细地规划。我们鼓励学生快速记下与问题有关的词和短语，然后将它们重新组织成一个基本的大纲。特别是对于考试，你必须快速做这个工作，并仔细判断在考试的每个部分你可以花多少时间。注意不要花太长时间组织，或者在文章的某一个部分或一场考试中的某个问题上花太多时间。在完成你的大学教育之后，你会发现，如何有效分配时间是一个人最重要的任务之一；在短文考试中有效利用时间是一个很好的训练，让你以后更好地面对挑战。

　　管理你的时间和可用空间，是写作任何历史文章的重要组成部分。

然而，即使在无论是否为了考试而写的很短的文章中，你也需要尽可能地具体。你必须交代人物、日期、文献、地点，来回答基本的历史学问题：何人？何事？何时？何地？何以如此？这些问题应该一直萦绕在你的心头，当你阅读和写作时你应该总是试图回答它们。仔细计划你的工作以确保自己可以完成这些任务。这样做将有助于你回答任何历史问题。你可能会发现，花时间去考虑它们——即使在你知道要写的问题之前——会为你提供机会去重新塑造你的知识，整合它的各个部分，并写出一篇文章,（即使在考试中！）这不仅是一种快乐，也是一种骄傲。

当你完成任何短的历史文章，包括作文考试文章，在你提交前阅读一下自己写的东西。用足够的时间来考虑下面"短篇论文的作者自查清单"中的关键问题：

□ **短篇论文的作者自查清单**

□ 我的话题是否聚焦？

□ 我的论据清晰吗？

□ 我有认真了解观点和证据的来源吗？

□ 我有包括进自己的原始想法吗？

□ 我的表达清楚吗？

精选学生参考文献

Appleby, Joyce, Lynn Hunt, and Margaret Jacob. *Telling the Truth About History*. New York: W. W. Norton, 1995.

富有挑战性地并且有时是很尖锐地思考了历史学思想和实践的发展，尤其是 20 世纪末的美国历史。

Arnold, John. *History: A Very Short Introduction*. Oxford and New York: Oxford University Press, 2000.

本书简洁而深刻地思考了历史学家在进行历史写作时会面对的一些非常基本的问题。

Barzun, Jacques. *On Writing, Editing, and Publishing: Essays Explicative and Hortatory*, 2nd ed. Chicago: University of Chicago Press, 1986.

美国历史学家雅克·巴尊于 1950 年至 1985 年写的论文集，包括对"一个写作者的准则"（第 5 至 17 页）的思考。

———. *Simple and Direct: A Rhetoric for Writers*, 4th ed. New York: Quill, 2001.

一种偏哲学的写作途径，提供了一位杰出的历史学家以及作家的写作建议。

Barzun, Jacques, and Henry F. Graff. *The Modern Researcher*, 6th ed. Belmont,

CA: Wadsworth/Thompson Learning, 2004.

半个世纪以来，这些杰出的美国历史学家的建议指导了很多历史系学生，以及受过良好教育并且具有好奇心的大众讲述关于过去的真实故事。

Berger, Stefan, Heiko Feldner, and Kevin Passmore, eds. *Writing History: Theory and Practice*. London: Arnold, 2003.

16 篇论文，考查一些历史学家在进行历史写作时遇到的问题、事件以及例子。

Brundage, Anthony. *Going to the Sources: A Guide to Historical Research and Writing*, 4th ed. Wheeling, IL: Harlan Davidson, 2007.

这份简明指南将近 20% 的内容是关于撰写编年史的论文，包括一个学生作品样板。

Burrow, John. *A History of Histories: Epics, Chronicles, and Inquiries from Herodotus and Thucydides to the Twentieth Century*. New York: Vintage Books, 2009.

对很多个世纪以来西方传统中的历史文献的一份动人的鉴赏，作者是一位杰出的英国历史学家。

Donnelly, Mark and Claire Norton. *Doing History*. London and New York: Routledge, 2011.

本书专门写给刚开始正式学习历史的学生，主要聚焦于历史学家的实践和他们所写的历史甚至它们在过去的四分之一世纪中是如何变化的。

Feinstein, Charles H. and Mark Thomas. *Making History Count: A Primer in Quantitative Methods for Historians*. New York: Cambridge University

Press, 2002.

一些历史学家认为本书是对历史学科最好的介绍，因此强烈地推荐给学生。

Gaddis, John Lewis. *The Landscape of History: How Historians Map the Past.* New York: Oxford University Press, 2002.

主张当代历史实践更类似于新的科学领域，比如地质学和进化生物学，而非社会学和政治科学。

Gilderhus, Mark T. *History and Historians: A Historiographical Introduction*, 7th ed. Upper Saddle River, NJ: Pearson Prentice Hall, 2009.

简明并极好地介绍了西方传统中历史思想的发展。为理解历史理论和研究的方法论提供了很好的背景。

Grafton, Anthony. *The Footnote: A Curious History*, rev. ed. Cambridge, MA: Harvard University Press, 1999.

一位杰出的美国历史学家所写的关于学术归因的迷人历史，他强调"脚注"也提供了历史对话的方式。

Hughes-Warrington, Marnie. *Fifty Key Thinkers on History*, 2nd ed. London and New York: Routledge, 2008.

这些简明的思想史为从古代到如今的历史实践提供了指导，虽然里面40%的历史学家都出生于20世纪。

Lukacs, John. *A Student's Guide to the Study of History*. Wilmington, DE: ISI Books, 2000.

由一位杰出的并且实际上保守的历史学家所写，本书只是对这个学科和它的吸引力的简明概览。

MacMillan, Margaret. *Dangerous Games: The Uses and Abuses of History*. New York: Modern Library, 2010.

一位出色的英裔加拿大历史学家分析了最近在历史知识的呈现方面的很多问题，甚至丑闻。这本书特别有用，因为里面包括了大量欧洲的、北美的以及其他合适的例子。

Marwick, Arthur. *The New Nature of History: Knowledge, Evidence, Language*. Chicago: Lyceum Books, 2001.

一位多产的英国历史学家在准备对《历史的本质》的介绍的 30 年之后，反思了历史实践和写作的变化。

McMichael, Andrew. *History on the Web*. Wheeling, IL: Harlan Davidson, 2005.

一个简明的、基础的介绍，但是甚至对于那些认为他们知道如何用互联网进行历史检索的人也是一个很好的试金石。

Munslow, Alun. *History of History*. London and New York: Routledge, 2012.

尽管主要聚焦于过去三个世纪以来美国和欧洲的历史研究，其基本论点是：被历史学家看作"历史的本质"的东西本身有一个变化的历史。

——. *The Routledge Companion to Historical Studies*, 2nd ed. London and New York: Routledge, 2012.

一个 21 世纪的观点，扩充了将近 90 个关于历史学家感兴趣的重要话题的条目，并包括对这些条目很关键的一个范围广泛的参考书目。

Perrin, Robert. *Pocket Guide to the Chicago Manual of Style*. Boston: Houghton Mifflin, 2007.

最有价值的是第八章，"电子史料的注释格式"，它对使用第 5 版的《芝加哥格式手册》引用电子史料的很多重要话题给出了建议。

Posner, Richard A. *The Little Book of Plagiarism*. New York: Pantheon Books, 2007.

一位美国联邦法官以及作品被广泛出版的作者不仅考虑了强调剽窃惯例的基本法律原则，也考虑了一些非常常见的例子和剽窃对学生的诱惑。

Presnell, Jenny. *The Information-Literate Historian*, 2nd ed. New York: Oxford University Press, 2012.

这是一本具有实用性的书，同时也对学生进行历史研究提供了详尽的建议，作者是一位从事信息服务的图书管理员，同时也是一位经验丰富的教师。

Southgate, Beverley. *What Is History For?* New York and London: Routledge, 2005.

一位资深的英国历史学家探讨了历史的作用，书中有来自于过去的例子也有对历史写作未来的方向的建议。

Staley, David J. *Computers, Visualization, and History: How New Technology Will Transform Our Understanding of the Past*, 2nd ed.. Armonk, NY: M. E. Sharpe, 2014.

基于对新技术在影响历史知识的呈现上的潜能的认可，本书以对待历史的新见解挑战读者。

Strunk, William, Jr. and E. B. White. *The Elements of Style*, 50th anniversary ed. New York: Longman, 2008.

这本著名的"小书"提供了关于清晰写作的有用建议，在 21 世纪仍不过时。这个版本中有这本书的历史的细节。

Turabian, Kate L. *A Manual for Writers of Research Papers, Theses, and Dissertations*, 8th ed. Chicago: University of Chicago Press, 2013.

这个关于学生写作的珍贵指南基于《芝加哥格式手册》，它提供了关于研究和写作的基本建议，并且对以最受历史学家欢迎的注释和参考文献格式清晰地引用史料提供了有价值的指导。

Williams, Robert C. *The Forensic Historian: Using Science to Reexamine the Past*. Armonk, NY and London: M. E. Sharpe, 2013.

本书以吸引人的方式探讨了一些历史学家怎样借助于病理学、DNA测试、化学以及其他科学来解决历史谜题。

Wilson, Norman J. *History in Crisis? Recent Directions in Historiography*, 3rd ed. Upper Saddle River, NJ: Pearson Education, 2013.

简明地介绍了历史研究的很多不同途径，强调了 20 世纪末期和 21 世纪历史学家之间的争论。

出版后记

本书著者之一理查德·马里厄斯，出生于 1933 年，逝世于 1999 年，是美国著述颇丰的历史学家、小说家、剧作家，曾在哈佛大学教授写作和英国文学。早在 1989 年，他就已完成《历史写作简明指南》最早版本的写作，并由全球最大的英文书籍出版商之一哈珀·柯林斯出版集团出版。1994 年，该书的第 2 版即被出版。不久后，朗文出版公司相继于 1998 年、2001 年、2004 年出版了该书的第 3 版至第 5 版。

如今呈现在读者眼前的已是《历史写作简明指南》第 9 版。梅尔文·E. 佩吉在已故的理查德·马里厄斯教授工作的基础上，继续完善本书内容，结合如今出现的新的信息技术、新的证据类型以及新的写作方式等，进一步拓展了历史写作的可能空间，使本书能更好地适应今天的读者们。

理查德·马里厄斯历史学家和小说家的双重身份赋予这本书独特的气质：它不仅具有历史学的严谨、清晰，以及能够洞穿本质的理性，并且饱含一种温情脉脉的人文气息。这两种特性在理查德·马里厄斯的笔下被完美地融合。阅读本书，你能感受到史学之美与写作之美的交织。一个好的历史学家和写作者必然激发起读者对研究的兴趣和对写作的渴望。但愿本书能为你的历史研究与写作的漫漫路途亮起一些火花。

由于编者水平有限，错漏之处在所难免，敬请广大读者批评指正。

服务热线：133-6631-2326　188-1142-1266

读者信箱：reader@hinabook.com

后浪出版公司

2018 年 12 月

图书在版编目（CIP）数据

历史写作简明指南 /（美）理查德·马里厄斯，（美）梅尔文·E. 佩吉著；党程程译 . -- 成都：四川人民出版社，2018.12（2019.4 重印）

ISBN 978-7-220-11017-7

Ⅰ. ①历… Ⅱ. ①理… ②梅… ③党… Ⅲ. ①历史—写作—指南 Ⅳ. ① K-62

中国版本图书馆 CIP 数据核字 (2018) 第 216548 号

四川省版权局
著作权合同登记号
图字：21-2018-479

LISHI XIEZUO JIANMING ZHINAN

历史写作简明指南

[美]理查德·马里厄斯　　[美]梅尔文·E. 佩吉 著

选题策划	后浪出版公司
出版统筹	吴兴元
编辑统筹	张　鹏
责任编辑	王卓熙　陈　欣
特约编辑	汪　慧
装帧制造	墨白空间·韩凝
营销推广	ONEBOOK
点读制作	ET 共读（ET-reading）

出版发行	四川人民出版社（成都槐树街 2 号）
网　　址	http://www.scpph.com
E - mail	scrmcbs@sina.com
印　　刷	北京天宇万达印刷有限公司
成品尺寸	165mm × 230mm
印　　张	15
字　　数	186 千
版　　次	2018 年 12 月第 1 版
印　　次	2019 年 4 月第 2 次
书　　号	978-7-220-11017-7
定　　价	36.00 元